大展好書　好書大展

品嘗好書　冠群可期

大展好書　好書大展

品嘗好書　冠群可期

武學名家典籍校注 15

李存義

岳氏意拳十二形精義

李存義 著

閻伯群 李洪鐘 校注

大展出版社有限公司

出版人語

武術作為中華民族文化的重要載體，集合了傳統文化中哲學、天文、地理、兵法、中醫、經絡、心理等學科精髓，它對人與自然和諧共生關係的獨到闡釋，它的技擊方法和養生理念，在中華浩如煙海的文化典籍中獨放異彩。

隨著學術界對中華武學的日益重視，北京科學技術出版社應國內外研究者對武學典籍的迫切需求，於二〇一五年決策組建了「人文·武術圖書事業部」，而該部成立伊始的主要任務之一，就是編纂出版「武學名家典籍」系列叢書。

入選本套叢書的作者，基本界定為民國以降的武術技擊家、武術理論家及武術活動家，而之所以會有這個界定，是因為民國時期的武術，在中國武術的

發展史上占據著重要的位置。在這個時期，中、西文化日漸交流與融合，傳統武術從形式到內容，從理論到實踐，都發生了巨大的變化，這種變化，深刻干預了近現代中國武術的走向。

這一時期，在各自領域「獨成一家」的許多武術人，之所以被稱為「名人」，是因為他們的武學思想及實踐，對當時及現世武術的影響深遠，甚至成為近一百年來武學研究者辨識方向的座標。這些人的「名」，名在有武術的真才實學，名在對後世武術傳承永不磨滅的貢獻。他們的各種武學著作堪稱為「名著」，是中華傳統武學文化極其珍貴的經典史料，具有很高的文物價值、史料價值和學術價值。

目前，「武學名家典籍」叢書，已出版了著名楊式太極拳家楊澄甫先生的《太極拳使用法》、《太極拳體用全書》；一代武學大家孫祿堂先生的《形意拳學》《八卦拳學》《太極拳學》《八卦劍學》《拳意述真》；武學教育家陳微明先生的《太極拳術》《太極劍》《太極答問》；楊式傳人代表人物董英傑先生的《太極拳釋義》。本套《李存義武學校注》收錄並校注了一代形意宗師、中華武士會奠基人李存義先生傳世的《岳氏意拳五行精義》《岳氏意拳十二形精義》《三十六劍譜》《五行連環拳譜合璧》《八字功》《五行劍》《連環劍》《梅花劍》《三才劍》《三合劍》等多本拳械功譜。

李存義的形意拳特點鮮明，兼有河北、山西形意拳的傳承特徵，融合了八卦掌、太極拳的一些技法風格，部分動作還保留了外家拳械套路的影子。李存義先生的武學著述，在我國形意拳發展史上占有極其重要的地位，它在奠定河北形意拳理論基礎的同時，也促進了民國時期武術黃金時代的到來。

需要特別提示的是，《岳氏意拳十二形精義》原文中有一些注明需參照《岳氏意拳五行精義》的內容，為便於理解，建議讀者配套購買。

這些名著及其作者，在當時那個年代已具有廣泛的影響力，而時隔近百年之後，它們對於現階段的拳學研究依然具有指導作用，依然被太極拳研究者、愛好者奉為宗師，奉為經典。對其多方位、多層面地系統研究，是我們今天深

入認識傳統武學價值，更好地繼承、發展、弘揚民族文化的一項重要內容。

本叢書由國內外著名專家或原書作者的後人以規範的要求對原文進行點校、注釋和導讀，梳理過程中尊重大師原作，力求經得起廣大讀者的推敲和時間的考驗，再現經典。

「武學名家典籍校注」，將是一個展現名家、研究名家的平台，我們希望，隨著本叢書的陸續出版，中國近現代武術的整體風貌，會逐漸展現在每一位讀者的面前；我們更希望，每一位讀者，把您心儀的武術家推薦給我們，把您知道的武學典籍介紹給我們，把您研讀詮釋這些武術家及其武學典籍的心得體會告訴我們。我們相信，「武學名家典籍校注」這個平台，在廣大武學愛好者、研究者和我們這些出版人的共同努力下，會越辦越好。

序

天津本燕趙之區，豪俠氣象素號恢閎。所惜地域促狹，兼之開發較晚，武術難謂發達。然津埠肇自軍衛，又允為漕運碼頭，六百餘年以來，尚武風習亦自不磨。迨至晚近，以海疆門戶故，頻遭列強凌夷，外侮內憂，交錯相襲，津民得有切膚之痛。國事危殆，民力疲乏，所謂強國強種，迫在眉睫之間，武術一事乃大興焉。

學人闡繹民國武術之盛，例稱「南有精武門，北有武士會」，此說推源雖未必久遠，然要亦契合實情。而精武門之霍元甲，武士會之李存義，兩位民國武林巨擘，均與天津關係密切。

霍氏生於津南小南河村（今屬西青區精武鎮），舊居暨墓園業已修葺如

故，允為武林豪英瞻拜之聖地；李氏雖非津人，然所啟之中華武士會則肇自津門，其後影響乃漸及江南塞北。

壬辰仲秋之月，余輯錄《中華武士會百年紀念集》，撰有簡短「編後記」，以為民間之武術研究，毋論宏觀微觀問題均繁，若擬不斷提高層次，真正進入學術領域，還要走很長的路：

「一是消除門派之爭和畛域之見，武門人士和專家學者能坐在一起，真正心平氣和地研究探討問題；二是對既有武學典籍進行科學整理出版，對各門各派秘不外傳的文獻進行大力挖掘並公之於眾；三是堅持實事求是，對本門本派歷史不誇飾，不溢美，更不能無中生有混淆視聽，同時對既有之混亂正本清源，辨偽存真；四是口述資料的採集，方法要規範和科學，不能羼入非學術的東西，否則難於真正進入研究的大雅之堂；五是提高研究者和愛好者的整體文化素質，同時不斷拓寬學術視野；六是適時成立有關研究組織和基金會等，對相關學術研究進行推動和扶植。」

所云大體涉及兩個方面——武術發展和武學研究。這些都是隨記所思，現在看來頗為雜沓。然而將近四年過去，種種亂象可謂依然。這些問題的存在，不僅限制了武學研究的深度和廣度，也制約了武術發展的傳承和創新。

兩個月之前，伯群先生傳來《李存義武學輯注》書稿，希望我寫幾句話冠諸篇首。我於武術並武學都是外行，遠無置喙其間的資格；然而我與伯群先生，與李存義及中華武士會，與天津歷史文化研究，有種種扯不清的因緣，使得我沒有藉口來拒絕。《李存義武學輯注》所錄李存義武學著述，泰半完成於李氏寓津期間，由其弟子杜之堂、董秀升等襄助整理。《李存義武學輯注》文獻來源清楚，真偽辨析明確，史料去取精審，整理方法得當。準此，本書之價值和意義，非但為津門武學添增光彩，或亦可視作改變某些亂象之契機，至少可說是一次示範性實踐。

北京科學技術出版社面對洶湧商潮，不惟浮名，不計錙銖，慨然將《李存義武學輯注》納入「武學名家典籍叢書」梓行，此類成果若能日累月積，無論對武術發展還是武學研究來說，都是一件非常幸運的事。

丙申端午後三日

杜魚草於沽上四平軒

（杜魚，原名王振良，天津市著名文史專家、今晚報社編輯）

導讀

清末民初，中國武術處於歷史發展的勃興期，湧現了以傳統哲學名詞命名，並以哲理闡發拳理的拳術和拳派。清晚期，以太極學說立論的太極拳，以八卦學說立論的八卦掌，以五行學說立論的形意拳，不斷演進，活躍在燕趙大地。作為內家拳重要拳種的河北形意拳，在長期的發展過程中，融會和吸取了地域人文環境和自然環境的營養，形成了獨特的技術風格和深厚的文化內涵，成為「源流有序、拳理明晰、風格獨特、自成體系」的優秀拳種。

形意拳源自心意六合拳，始於明末，盛行於晚清，為明末清初山西蒲州人姬際可所創。姬際可擅長「心意把」，尤精槍法，據說他在終南山見鷹熊相搏，心有所悟，於是變槍為拳，編創新法，並尊民族英雄岳飛為始祖。

姬際可門下，分成河南、山西、河北三大派系，分化成不同的名字傳承，包括心意六合拳、心意拳、形意拳等。傳承譜系上，姬氏傳曹繼武；曹又傳山西戴龍邦、河南馬學禮；戴龍邦再傳河北深州李洛能。李洛能根據拳術的原理原則及特點，反覆實踐，對心意六合拳進行了大膽的改革創新，衍化出新拳種「形意拳」。李洛能傳郭雲深、劉奇蘭、宋世榮、車毅齋等，在河北和山西兩地傳承。在河北，以郭雲深、劉奇蘭為代表，被稱為河北派形意拳。

清末民初，河北派形意拳發展最為迅猛。在形意拳的第三代，以李存義為代表的武術家開始把這種風格簡約、融技擊與健身為一體的內家拳法傳播到京津等大城市，在北方地區普及，直至輻射全國，進入軍隊、學校，形成當時全國影響最大的拳種。

形意拳在近代歷史上的巨大社會效應，與李存義等武術家站在時代激變的潮頭，追求強國強種、武術救國的夢想密不可分，也與其個人叱吒武林的風範、高尚的武德修養息息相關。李存義之於形意拳，乃至形意八卦，堪稱承上啟下、奠定基業的一代宗師。

李存義小傳兩種

李存義誕生於清道光二十七年（一八四七年），是形意拳肇始初期以鄉邦傳承為主的深縣籍拳家，與前輩拳師一樣，均因家貧無資入塾，而以習武謀生。因缺少文化，李存義自己留下的生平文字極少，且武術作為民間活動，很少見載於官方史料，再加上年深代遠，僅有的一些文獻和口傳資料逐漸湮滅，儘管曾經是一位在武術史上產生過偉大影響的人物，其事蹟也顯得極為疏略。

現存李存義小傳兩種，均為其隨身弟子撰寫，可資採信。民國二年，李存義攜弟子郝恩光、李彬堂、李子揚等執教於中華武士會本部，擔任教務主任，開始編纂形意教科書。他與弟子黃柏年編錄了《五行拳譜》一部。

此書為手抄本，現藏於天津市河北區檔案館，《武魂》雜誌根據此版本整

理後發表。其序文部分介紹了形意拳的源流、中華武士會的創會歷史，涉及李存義的生平事蹟，此為李存義小傳之一種。

《五行拳譜》序

（原譜現存第一頁）□□□□拾年，時東洋□□□命劉□□□征東總師。其年臘月，在京城靖摩寺招考武士，得第一名總教習，隨營教授將佐。抵金陵，公任為兩江督□□總，止仕歸籍後，友人邀在保□□□萬通鏢局，公為該局之局長□□□□□□□□英雄之佳□□□□□□□□之規模。

（原譜現存第二頁）孫□□□□□□□□□□公雖財政□□□□□□揚燕趙之士，咸知李公武技道德過人。至庚子變亂，鄭州諸門人歡迎抵鄭，挽留十餘載，收徒甚廣。宣統三年冬月

解釋數篇。為初習者辱覽。
所解釋目錄於左。

《五行拳譜》殘本

歸籍。民國元年天津組織中華武士會本部，舉公為本部總教員。二年春二月，因南北意見有歧，政府委任王芝祥君為江西宣撫使，請公腹心從事，又命公為江西司令部總教員。續在金陵、上海等處□□□□提倡武風。抱定國民轉□□□□□□至□□□□□□。

（原譜現存第三頁）予幼愛習拳術，初本為強身練習，繼乃成技藝門中人也。然雖若此，於技藝中，余終不知其究竟。復貿易云□所□□□□□□丑春月，經王君維忠介紹於李存義夫子門下。公待遇篤誠，指教眞功。余天性魯鈍，惟克（刻）苦功勤，後稍得堂室門徑。民國元年，天津組織中華武士會，邀余為本部教員。雖技業淺薄，而授處之間，膜得我為成贊（此句難認，恐用字有訛錯）。是李公一世之春暄（暉），難以我報。又蒙假以拳劍諸譜，其中語言深奧，唯恐初學者有弗明通之處。余等故解釋數篇，為初學者辱覽。

……

第四章形意拳歷史。此功自達摩祖為始。初，祖靜坐山林，觀其龍、虎、

諸雞彼此相鬥，各有所長。祖睹其形勢，又以五拳為母，遂悟出十形，前文敘明，故不再錄。至宋朝岳武穆王以得此異術，又增二形，鷹、熊是也，至今河南湯陰縣岳家專門傳授尚在焉。咸豐年間，山西載（戴）（原作「載」，自後改正之）龍邦先生，在河南得此傳授。同治三年，直隸深州李君飛羽，平生最好武技，因貿易抵太原，經孟君介紹於戴先生。時李初見戴，即論平生所習，談吐豪邁，稍一比拼，而知戴為異人也。自此北面而師之。經歷十易寒暑，戴曰：「子勇成矣。」後李君返直，所收弟子甚廣，余不能盡述，擇其要者略而言之。第一、有深縣城內劉奇蘭君；二、郭雲深君；三、山西車永宏、宋世榮。未能細述。於光緒甲午年，諸君樹教京門。余師李公存義，立負笈從師，方得此術。至庚子，直省變亂，京師頹靡。時燕南之士，咸知李公武技、道德過人。鄭郡諸門人歡迎抵鄭，留十餘載，至宣統三年冬月歸籍。民國元年，諸君提倡尚武，其中有葉雲表君、張恩綬君、張占魁君、劉殿琛君、張季高君、韓秀珊君將餘等招至天津，同為提倡武風，先組織武士會。本郡廣設傳習所，

為求普及全國之目的，喚起我國尚武之風。此形意所由始也。

李存義先生　黃柏年君同增修

民國二年冬月於天津公園內武士會師徒燈下修繕

（□代表原抄本無法辨認的損壞文字）

李存義的另一版本小傳，由濟南才子、中華武士會成員楊明漪撰寫，收入《近今北方健者傳》。本書於一九二三年出版，又稱《拳勇見聞錄》。楊明漪本人既是李存義的弟子，也是中華武士會創立和發展的見證者，《近今北方健者傳》一書是研

《近今北方健者傳》

究中華武士會歷史的珍貴資料。此為第二種。

李存義，字忠元。直隸深縣南小營村人也，世稱其業為首飾李，或稱其藝為「單刀李」先生者也。先生修七尺有咫，赭顏鐘聲，精通武術，未嘗讀書，然於拳家譜牒，無不心識手摹。自言歷習多門，年三十八，皈依形意門。師事劉奇蘭，與八卦門之眼鏡程、翠花劉為兄弟交。民國八年，年七十矣，望之如四十許人，內功醇而睟盎見，理固然歟。施教未嘗有懈容，學者遇之，輒依依不忍離。聆其一二語，終身由之，無銖粟失，大河以北宗之。高弟某功行最深，聲塞津京間，一日請益，先生用劈拳，未致力也，某仆丈餘外，體無輕微傷，予適值之，不知其手法也。先生名滿天下，顧與人恂恂如老嫗，殆俠其骨佛其情者耶?著拳譜二百餘卷，皆手自編錄圖解。民國元年創辦天津中華武士會，今會中及弟子孫祿堂所出之拳譜，特其緒耳。予師事先生又與其子彬堂游，於八年秋（一九一九年），先生之歸農也，曾合影作頌以送之曰：七旬老翁，髮鶴顏童；精深武術，形意是攻；娓娓循循，宇內從風；闡明詳贍，著述富隆；黃河滾滾，岱岳崇雄；守先傳後，斯道無窮。

明漪曰：忠元先生，於民國十年辛酉二月二十八日，病逝於家中，年七十二。予從之學，然文弱不任先生教，惟受呼吸法爾，並以之卻病者今數年矣。聞先生之高弟云，先生之拳械，無不造極，所編十三槍法，尤為集大成之作。學者均未能窺其深，略有所獲，即享大名矣。中華武士會謀所以壽之貞珉者，其事蹟尚未徵齊也。

創立中華武士會

早在清宣統二年（一九一〇年），李存義就在天津三條石創辦了民間武術團體「中華武術會」，開始了民間武術資源的整合，這個團體也成了中華武士會的前身。

辛亥革命以後，民國成立，銳意圖強，孫中山宣導尚武精神，以強國強種，振興國本，民間尚武之風蔚起，我國固有武術迅速復興。燕趙之地自古就是孕育英豪俠客的文化息壤，在民族崛起之時，各界精英共同引領了武術變革的潮流。於是，由李存義、張占魁、李瑞東等一大批愛國武術家發起的中華武士會宣佈成立。中華武士會在確立了形意、八卦、太極三大內家拳格局的同時，開拓了中國武術本土化的教育傳播模式，把國粹武術普及到學校、軍隊，繼之上升為「國術」，促進了中國武術的空前繁榮，在當代和後世影響巨大，其肇始之功首歸李存義。

一九一二年六月五日、六日，天津《大公報》發佈了「中華武士會公啟」「中華武士會簡章」及「中華武士會傳習所簡章」。其中「中華武士會公啟」，從制度、思想、文化三方面剖析中國武術復興的必要，在當時可稱振聾發聵的吶喊：

「我中國者，一尚武之國也。自我祖黃帝降崑崙，而東以武力逐蚩尤得中土，其雄武氣概，蓋可想見。以及戰國時代，各國猶莫不崇尚武事，盡力發揚其尚武之精神。蓋自古迄今，未聞有文弱之民而能立國者也。迨夫後世中原一統，各專制君主皆極思柔弱其民，使易於控馭，自是武道始不競矣。極其弊而通國士夫，皆以習武事為輕狂，不但不以為可貴，而反蔑視之，遂使通國之人靡弱若病夫。夫以靡弱若病夫之人，而欲競勝於此強權之時代，其有幸乎？吾中國近年以來，屢遭外人侮辱，而無如之何者，其原因雖不一，而國風之文弱，與士氣之不振，則為其原因中之過且大者無疑也。彼東瀛蕞爾三島，人口土地不及我者，不止數倍，而能一戰辱我，再戰破俄，彼國士夫推原其故，輒歸功於彼之武士道。由斯以察，武道之有關於國家興廢，不亦重大矣哉。況我中國之擊技，其神妙實甲全球，若其變化莫測、剛柔並用、運氣諸法，又為外人所夢想不到者。凡此，皆我先民好武者，久由經驗而得之，豈有神權涉其間者。

日本拾我唾餘而能名動天下，甚至美之大總統求教師於彼邦，英之女校體操將盡改，用其柔術，拾我餘唾而能盛稱於天下，且收莫大實益，若彼者何也？此無他，以彼之視此有若第二之生命故也。我則藏精具粹，而世莫知焉，國家亦未能得其利者，何也？此無他，以我之視此直蔽屣之不若故也。他無論矣，就學界一方面觀之，日本中學程度以上各學校，其校中莫不設柔道擊劍，各部學生亦未有不習之者。年中試，合數次定優劣，以資鼓勵。故學生時代除研究功課外，談則論武，聚則鬥力，周視全國莫不皆然。吾國則反，是文人直以運動為輕佻，而且視為下流。以此相較，彼興我腐，豈偶然哉？同人觀此情形，慨歎莫已。用特發起此會，欲以聯絡同好，廣征武術名手，自茲以往，振起我數千載之國粹，使光顯於世界。於是我國之武風可長，士氣可振，國本可立，此豈可再忽之者哉？近世體育一科，各國莫不競尚，其操練之術亦種類不一，然其適於運用，且益於體力者，則皆莫我中國之古擊技，若此亦不必詳論，就實際上比較之，自了然矣。

觀凡精於擊技者，其體力、氣力、魄力、膽力不勝常人數倍耶？吾人處世行事乏以上數種力者，鮮能成功。而欲備此數種力，則非近今各運動法所能濟事。蓋法門之不同，而收效自異也。今同人創設此會，募集擊技名手，廣設傳習所，以求普及，期我國民自茲以往，變文弱之風而成堅強之習，以負我民國前途之重任。諸君有聞風興起者乎？此同人大有厚望焉者也。」

「中華武士會簡章」對武士會的辦會宗旨、建制、人員等做了規定。名稱，定名為中華武士會（亦稱中國武士會，意在武術普及全國之目的）。宗旨，以發展中國固有武術，振起國民尚武精神為宗旨。會員，以年在十五歲以上，籍為中華國民而品行端正者充之。會期，每年開春秋兩季大會，是為常會。會所，暫假河北三條石直隸自治研究會總所。中華武士會附設傳習所，學科分為兩種，一速成科，一專修科。

中華武士會發起之時，也是河北形意拳術崢嶸初露之機，北方各派拳家都對新興的形意拳術爭議頗多，質疑形意拳的實際功用，於是李存義率弟子郝恩光與李子揚夜半拜見中華武士會支持者張繼等人，陳形意之適用，為國粹，並令兩位弟子演習拳術。演練中，地磚碎裂數方，令張繼等人驚歎不已。

次日開會，公佈形意拳術為中華武士會首選，李存義為教務主任，劉文華為總教習，李彬堂、郝恩光等為教員，以傳授形意、八卦、太極拳為主，另有八極拳、通背拳、戳腳等，各拳種均由優秀拳師任教。中華武士會由教務主任李存義為總負責人，代理會長之職。隨著武士會的發展，除李存義、李星階二人外，還先後有幾位捐資人擔任過會長或名譽會長，但均為掛名。

中華武士會創立後，到天津公園學習武術的人絡繹不絕，常有學生、教員、商人排隊前往學習武術。由於場地不足，中華武士會在河北甘露寺宣講所設立分部，招致學員。作為師資，中華武士會聚攏了一大批中國北方武林的頂尖高手，如定興三李、尚雲祥、郝恩光、李彬堂、王子翽、程海亭、李進修、王俊臣、韓慕俠、黃柏年、張景星、李書文、霍殿閣等，都是中華武士會的早期教員、中國武術教育的先行者。

中華武士會還彙聚了一批劍膽琴心的文化精英，整理編寫武術教材，如學者杜之堂、學務公所畫師閻子陽，為李存義口述拳譜、劍譜進行編錄和繪圖，加以系統整理，對後世河北形意拳研究奠定了理論基礎。黃柏年也與老師李存義燈下修譜，留下《五行拳譜》一部。

在社會各界愛國人士的支援下，中華武士會蓬勃發展，京津各校紛紛到武士會聘請教員。一九一三年，李子揚受聘於天津北洋大學，李劍秋接替劉文華赴北京清華學校任武術教員。中華武士會的武術教學活動擴大到全國。李存義為調節南北政治分歧，赴江西司令部任總教員，後在金陵、上海等處提倡武風，在上海南洋公學（上海交大前身）教授拳術，數月後返津。同年，中華武士會在日本成立中華武士會東京分會，傳授中國留學生。來自中國的形意拳術讓日本武士道深感中國武術的深邃，羨慕且嫉妒。日本武士道召開賽武會，意將抑制中國人以自揚。郝恩光登臺，展露形意絕技，日本武士無敢攖之。形意拳術被日本人視為武林絕學，在私下揣摩和研習，重金邀請郝恩光傳授技藝，被郝拒絕。郝恩光歸國時，受到留學生的熱烈歡送。

一九一八年夏，天津博物院召開成立展覽大會，以中華武士會為主體，李

存義在弟子李星階的協助下，召集北方數省六十多個門派，三百多位武術家蒞會表演，規模之大，影響之廣，堪稱空前。各派之間溝通了感情，交流了技藝，受到社會各界的嘉許，數百群眾踴躍報名加入武士會，武士會利用天津城廂附近的四個宣講所，除原有的甘露寺（北大關）宣講所、天齊廟（東馬路）宣講所，還在西馬路、地藏庵（河東糧店街東）兩處宣講所，設立武士會分部，與天津社會教育辦事處共同推行社會教育，兼籌並顧，形成德智體三方面興學的一部分。

一九一八年九月十四日，北京召開萬國賽武大會，俄國大力士康泰爾設擂比武，主辦方函請北方武術家到京。李存義為維護國術和民族尊嚴，率門人數十前往赴會較技。會上，因格於警廳、步軍統領之禁未得交手，改為演武，中華武士會有精彩表演。其後，康泰爾表演舉重，力舉二百斤石墩，墩上帶六人，環社稷壇走一圈。中華武士會王貴臣舉其墩，能帶十二人環社稷壇走三圈，以此神功絕技懾服了俄國大力士，使其將十一塊金牌主動獻給中華武士會。中華武士會參加賽武會的消息被北京、天津、上海的各大報紙連續跟蹤報導，成為當時家喻戶曉的社會新聞。會後，北京《順天時報》、天津《大公報》和《益世報》先後以《中華武士會賽武大會之詳志》為題，刊發詳細報導。

萬國賽武大會後，北方各省掀起習武熱潮，前來中華武士會習武人員徹夜不斷，令年事已高的李存義難以應付，隱居英租界弟子張天普家中，由繼任會長李星階打理會務。

李星階在主持武士會期間，秉承李存義的辦會理念，團結武林人士，聯絡各個門派，以武術教育為主旨，與閻子陽、王子翽、楊明漪、韓怡庵等一批武士會的骨幹成員做了大量卓有成效的工作，使中華武士會成為我國北方武術教

一九一九年中華武士會教職員合影
左起：程海亭、韓慕俠、周祥、李呈章、李星階

育活動的中心。

李存義對弟子們的成績給予了極大的肯定，深感欣慰，遂於一九一九年秋歸鄉，頤養天年。

武學貢獻

中華武士會所凝聚的武術家、教育家，以燕趙大地為地緣，深受古燕趙文化薰陶，在學術上，繼承了明末清初哲學家孫夏峰以及後學者顏習齋的學說，主張文武並重、經世致用，注重身體力行，燕歌沉雄之氣一脈相承，因此，在體育教育理念上，較早認識到，武術不獨可以強健體魄，也可以增進德性，具有教育之價值，即體育，以養其體力，啟其智慧，尊其德性。所以，中華武士會在李存義的教育理念的指導下，敢於率先打破沿襲了幾千年的私相傳授、匿於岩穴的傳承方式，一改為著述教材，公開傳播，開辦傳習所，在社會各界廣泛招生；同時，邁出更重要的一步，進入課堂，開啟了中國武術教育的先例，贏得了示範效應。

一九一五年四月，全國教育聯合會在津召開，通過了舊有武術列為學校必修課的議案，教育部明令「各學校應添中國舊有武技，此項教員於各師範學校養成之」。至此，源遠流長的中國武術確立了在現代教育領域的地位。

據楊明漪《近今北方健者傳》載，李存義「著拳譜二百餘卷，皆手自編錄圖解」。本套《李存義武學輯注》收入了李存義先生手錄或口述，並由弟子編撰而成的主要著作，這些著作曾作為中華武士會學員、中高等學校、軍校的普通教材，廣為使用。其內容是形意拳最具代表性的拳械套路、理論功法，是修功練武之門徑。

本書在編輯過程中，根據內容關聯和篇幅分為三冊：第一冊《岳氏意拳五行精義》（附《五行連環拳譜合璧》），第二冊《岳氏意拳十二形精義》（附《八字功》），第三冊《三十六劍譜》（附《五行劍》《連環劍》《梅花劍》《三才劍》《三合劍》）。

筆者在校注李存義先生著作時，發現一個比較容易混淆的因素，就是本書影印和校注過程中參校的版本較多，比如「保定本」「山西本」「杜本」等。根據校注中具體的使用情況，對各個版本說明如下：

《岳氏意拳五行精義》(上下冊)，李存義原述、董秀升編輯，一九三四年由晉新書社刊行。本書將上下兩冊《岳氏意拳五行精義》《岳氏意拳十二形精義》分別影印。據傳一九一四年李存義曾授董秀升岳氏意拳古拳譜，但原書未見。從一九三四年刊行的《岳氏意拳五行精義》來看，多係《武術研究社成績錄》所編。

《五行連環拳譜合璧》，李存義口述、杜之堂編錄、閻子陽繪圖，刊行於中華武士會早期。本書影印簡稱「杜本」，由於篇幅較小，附於《岳氏意拳五行精義》之後，但讀者萬不可輕視之。《五行連環拳譜合璧》是中國近代流傳最早的一部形意拳術教材，編寫於民國初期，為此後出版的形意拳著作樹立了典範。一方面，它建立了語言通俗而層次井然的理論體系。清末流傳的形意拳抄本，其理論多晦澀難明，同一主題的論述，多分散於全書的不同章節，缺乏理論的層次性、邏輯性。對文化程度較低的習武者來說，如同天書一般，很難正確指導練拳實踐。

《五行連環拳譜合璧》一書，對古人的寫作方法進行了徹底改革，實現了理論的系統性、層次性。該書首先闡述形意拳的理論基礎——五行理論以及與五行相對應的五臟與五拳；繼而介紹了人體基礎知識——四梢理論及四梢在拳術中的相應練法和功用。更為難能可貴的是，它把零散存在於古拳譜中的有關形意拳的各部身形要求，做了精準的提煉，總結出了「八字訣」「九歌」這樣的經典篇章，通俗易懂，合轍押韻，朗朗上口，便於記憶，成為後世傳人練習形意拳的準繩，直至今日仍為形意拳著作所引用；另一方面，它開創了詳細圖解拳術的先河。此書問世之前的拳譜，多是只有文字理論，沒有插圖，即便有圖也無詳細的圖解，使讀者只能望書興歎，無法學習。《五行連環拳譜合璧》的插圖，能夠精確地表現形意拳的技術要求，把動作之間的過渡狀態也用虛線形象地描繪出來，還把拳術的行進路線準確畫出，使學者一目了然。

《三十六劍譜》，李存義口述、杜之堂編錄，刊行於中華武士會早期。本書加以影印。

《武術研究社成績錄》，保定陸軍學校一九一八年編訂，大量收錄了李存義拳械圖譜，由王俊臣、李劍秋校訂，張桐軒編輯。本書將其中的八字功、五行劍、連環劍、梅花劍、三才劍、三合劍等章節影印，其他部分作為參校，簡稱「保定本」。一九一五年，教育部在全國明令開設武術課程後，形意拳走進校園。直隸各省武術教員多由中華武士會會員擔任，這些拳譜也隨之變成各學校的武術教材範本，直接用於武術教學。一九一六年，保定陸軍學校開設武術課，成立武術研究社，並於一九一八年出版《武術研究社成績錄》，為保定陸軍學校「同人將年來所習拳術課目而訂之為成績錄」。此書中大部內容採用了李存義口述之拳械圖譜。

《八字功拳譜》，民國初年李存義口述、杜之堂編錄。本書作參校使用。

《形意拳古譜》《拳術講義》，一九一九年，張桐軒於山西國民師範學校任教，印行此二拳譜，簡稱「山西本」。本書作參校使用。

《李存義劍譜》裴錫榮藏本，簡稱「裴本」。本書作參校使用。

《五行拳譜》，李存義與弟子黃柏年編錄。本書作參校使用。

李存義先生「歷習多門，年三十八皈依形意門」，在他所編拳械套路中，有如下特點：

第一，部分動作仍然保留外家拳械的特點。例如，有些動作要求：「前腿進、絀，後腿跟、支」的弓箭步及劍術中常見有臂伸直的動作，明顯存有外家拳的影子，不過在步法上採用形意拳的跟步，這樣發力更加充沛，姿勢舒展美觀大方。當然，山西、河南的心意六合拳也常見重心在前腿的動作，說明早期河北形意拳也沿襲了心意六合拳的特點。

第二，融合八卦掌、太極拳的特點。李存義先生武藝精深，輕財重義，廣結豪俊，與八卦門程廷華、劉鳳春，太極門李瑞東以及劉德寬等為兄弟交，故李存義所傳形意拳械套路把八卦掌、太極拳的技法和風格有機地融入進來。李

氏所編「龍形掌」「龍形劍」就是典型的形意、八卦合一的套路；五行拳中鑽拳回身勢也是採用了八卦掌中轉環掌動作，在「八字功」套路中更是多處吸收了八卦掌的肘下穿掌和轉環掌，在步法上也採用了八卦掌的扣步，演練風格則採用了太極拳的輕緩柔和發勁含蓄的特點，故又稱作「軟八手」；李氏所編「六合劍」中也吸收了八卦劍的步法和動作。

第三，融合河北、山西形意拳的特點。據姜容樵《形意母拳》記載：「北方自李洛能傳授形意時，僅五行、連環，十二形半數而已。至郭雲深先生仍之，後由李存義先生及同門某公，赴山西太谷，尋訪同門前輩精斯術者，乃盡其所學而載之歸。」

總之，李存義先生的武學著述，在我國形意拳發展史上佔有極其重要的地位。它在奠定河北形意拳理論基礎的同時，也促進了民國時期中華武術黃金時代的到來。本套《李存義武學輯注》是國內首次系統出版的李存義武學著作，囿於筆者的學識，在校注中不免謬誤之處，懇望廣大讀者和同仁批評指正。

岳氏意拳十二形精義

①

【注釋】

①岳氏意拳十二形精義：李存義原述，董秀升編輯。原作分為《岳氏意拳五行精義》《岳氏意拳十二形精義》上下兩冊，一九三四年由晉新書社刊行。本書將兩冊分別校注出版。

健身強國

秀升大兄屬題

榆次常贊春篆

健身強國

秀升大兄屬題
榆次常贊春①篆

【注釋】

①常贊春（一八七二—一九四一年），字子襄，山西榆次人。清光緒二十八年（一九〇二年）中舉，宣統元年（一九〇九年）考入京師大學堂，師從林紓等經學大師，授文學士。民國七年（一九一八年）授國會衆議院議員。終身從事教育及文化事業，諄諄善導，著作等身，桃李滿三晉，為著名教育家、國學家、文學家和書法家。

尚武精神
秀升大兄屬
梁成楷題

岳氏意拳十二形法精義

目錄

岳氏意拳原序

天下之治道有二、曰德曰威、天下之學術有二、曰文曰武、然武之所重者、技藝也、況國家講礼有法、蒐苗獮狩、各有其時、而其間精微與妙、各有不容率意妄陳者、余嘗擬著為論、公諸同好、特恐言語不精、反悞後世、此心耿耿、愚其有極、茲見 岳武穆王拳譜、意既純粹、語亦明暢、余愛慕之忱、急錄之為誌、 王諱飛、字鵬舉、河北相州湯陰人也、父早卒、事母至孝、少負節氣、優于將畧、剛毅多謀、家貧力學、尤好左氏春秋、其志勇絕論超群、當時名將無比、及長應募於東京留守、與宗澤談兵曰、如將軍者、方可與言孫吳、屢尚戰功、遂成大將、善以少擊眾、自率八百人、破 王善等五十萬眾與南董門、八千人破曹城等十餘眾於桂嶺、其戰兀朮於順昌、則皆後蒐八百騎大破金兵於朱仙陣、又師五百人破金兵十餘萬眾、有所舉、必謀定而後戰、故有勝無敗、猝遇敵不動、故敵為之語曰、撼山易、撼岳將軍難、張俊常問用兵之術於王、王曰、仁信志勇嚴缺一不可、平生好賢礼士、博覽經典、雅歌投壺、恂恂然如書生、每戰勝必辭功曰、將士效力、飛何功之有、忠憤激烈、議論持正、不挫於人、卒以此為禍、余為求深惜之、

王當童子時、受業於少林侗大禪師、精通鎗法、以鎗為拳、立一法以教將佐、名曰意拳、神妙莫測、蓋從古未有之技也、王以後、金元明數代、鮮明其技、獨我姬公名際可、字隆風先生於明末清初、為蒲東諸馮人氏、訪名師於終南山、得 岳武穆王拳譜、後授余師曹繼武先生於秋蒲、時人不知其武勇、先生習練十有二年、技勇

方成清康熙癸酉年科聯捷三元、欽命為陝西靖遠總鎮大都督之職、到任歸籍、余遊至池州、先生以拳授余、學三十自寒暑、先生曰子藝成矣、命余回晉、至洛陽、遇學礼馬公、書於談勢甚洽、囑余為序、余不文、焉能為序、但見世有勇敢之士、未嘗無兼人之力、及觀其藝、再叩其學、手不應心、語不合道、者何也、不得箇中正真傳故耳、所謂真傳者、名曰武、其實貫和、和者、智與勇、順成自然之理也、而非近世所習捉拿拘打、封閉閃展、逞其跳躍、悅人耳目者之可比、其意拳大要不外五行陰陽起落進退、動靜虛實、而其妙又須六合、六合者何也、分內三合外三合、內三合眼與心合、心與意合、意與氣合、外三合、手與足合、肘與腰合、肩與胯合、內外如一、稱其六合、茍能日就月將、智無不圓、勇無不生、得乎智之理、會乎和之精、自然能去能就、能弱能強、能進能退、能柔能剛、不動如山岳、難知如陰陽、無窮於天地、充足如太倉、浩渺如江海、眩曜如三光、以此視近世之演武者、異乎不異乎、同乎不同乎、學者可不詳辨歟、是為論、

中華民國二十三年六月下旬山西太谷董秀升錄於省垣之寄廬

上編

岳氏意拳十六要訣

十六者即一寸、二蹦、三攢、四就、五夾、六合、七疾、八正、九經、十驚、十一起落、十二進退、十三陰陽、十四五行、十五動靜、十六虛實、

一寸是步也、二蹦是腿也、三攢是身、四就是束身、上下束而為一也、五夾是剪、兩腿行如剪也、六合是內外六合也、手與足合、肘與腰合、肩與胯合、是外三合也、眼與心合、心與意合、意與氣合、是內三合也、內外如一、稱其六合也、七疾是毒、眼毒心毒手毒也、八正是直也、看斜是正、看正是斜也、九經是手摩內五行也、十驚是驚起四梢、要齊也、十一是起落、起是去、落是打、起亦打、落亦打、起落如水之翻浪也、十二進退、進步要低、退步要高、不知進退枉學藝也、十三陰陽、看陰而有陽、看陽而有陰也、天地之陰陽相合則雨、拳之陰陽相合能成一氣也、十四五行、內五行要動、外五行要隨也、十五動靜、靜為本体、動為作用、若言其靜、未露其機、若言其動、未見其跡、靜中觸動、動猶靜也、一切變化皆動靜之妙也、十六虛實、虛是精、實是靈、精靈皆有、稱其虛實也、

上編　形拳原理

形者。天地化生萬物之形也。萬物生於天地。各得其一體。雖間有偏而不全。然亦能各盡其性。以隨時起止。而不稍負其形。人為萬物之靈。享受獨厚。心思形骸耳目手足。聰明睿智。才力氣魄。廣大精奇。無所不備。足以配天地。本神明。贊化育。故孟子曰。萬物皆備於我。若舍形骸而不治。棄聰明而不用。是辜負天地賦我之形。謂之所謂錯受人形也。孟子曰。惟聖人然後可以踐形。形拳者。亦踐形之一端也。

第一章　十二形

十二形者、一曰龍、二曰虎、三曰猴、四曰馬、五曰鮀、六曰雞、七曰鷂、八曰燕、九曰蛇、十曰鴿、十一曰鷹、十二曰熊、蓋諸物受天地之精、各得其一體、其形雖偏、然絕利一源、獨得天地之妙且形雖十二、卻能該括萬物之理、實為萬形之總綱、吾人倘能盡十二形之妙、即盡萬形之妙矣、況萬物舞蹈、常法人形、而人反不能格萬物之理以全其形、則人不如物矣、夫豈可哉、

○第一節　龍形

龍為最靈最神之物、有升降之形、為剛柔之体、有搜骨之法、有大小之化、其勁起於承漿之穴(即唇下陷坑處)、與虎形之氣、輪迴相接、其拳順則心火下降、身體靈活、其拳謬則陰火燒身、絕無活潑之希望、學者不可忽也、

一、開勢(即三體勢)與上冊上編第一章第五節同　要領如下圖

三體圖

二、起勢　由三體勢左足尖向左斜橫足心離地右足扭直足掌着地足跟提起兩手如劈拳但右手前出左手收回身體伏下小腹置於左腿上兩目注視右手食指手與心齊平如龍下降之形此時胯裏腰提肛提肩垂心平氣和不可努力助長

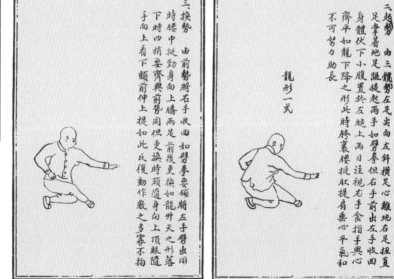

龍形一式

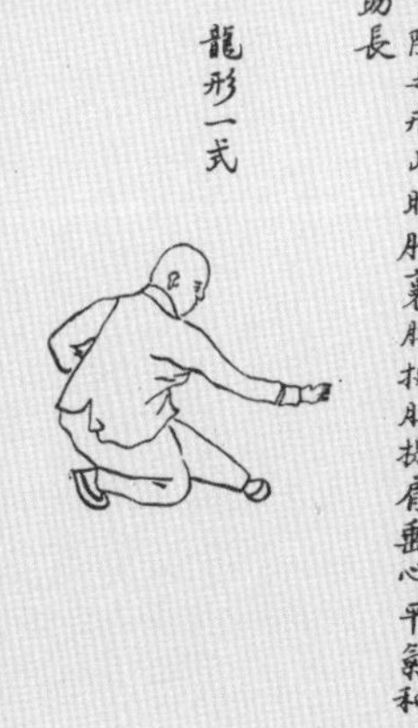

三、換勢　由前勢將右手收回　如劈拳要領將左手劈出同時腰中挺勁身向上騰兩足　前後更換如龍升天之形落下時四梢要齊與前勢同但更換時頭隨身向上頂眼隨手向上看下頦前伸上提如此反復動作數之多寡不拘

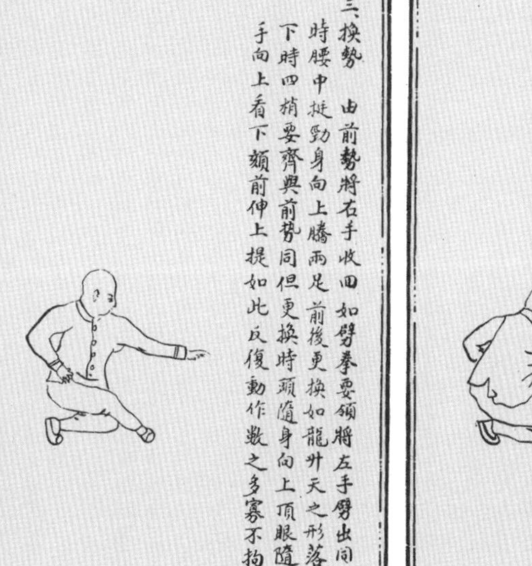

四收勢　收勢仍還於起勢右手左足在前隨往將左手伸出右手收回成三體勢停止

○第二節　虎形

虎有伏身離穴之勢、又有撲食之勇、又有坐窩之能、其勁發於臀尾、其拳順則清氣上升、其拳謬則濁氣不降、則諸脈不通、醫家謂督脈、為百脈之源、督脈通、則諸脈通、督脈即臀尾也、

一、路線　虎形之路線與砲拳同

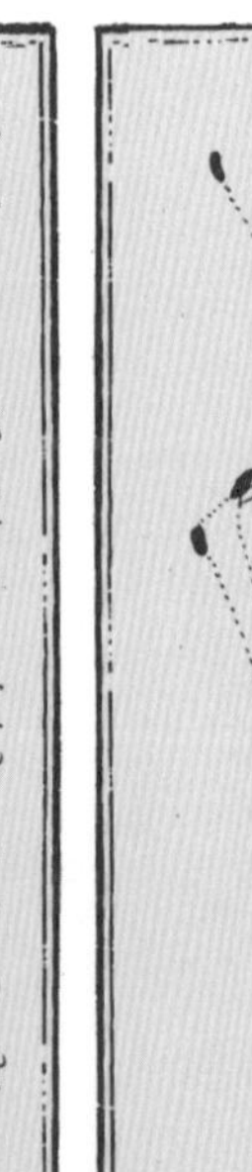

二、起勢　由三體勢先將兩手往前下方伸直再將右足蹬進左足提起緊靠右足脛同時兩手握拳抽回陽置小腹兩肘緊靠兩肋兩臂須有裹力挺腰提肛此起勢也要領與砲拳同如左圖

三、落勢　兩拳由胸口鑽出翻落變掌如弧形同時左足前進右足隨跟此時兩肘下垂兩掌間隔步許虎口相對與胸齊平總之手起而鑽手落而翻手足齊落挺提伸肩此虎形精神之大概也至左右互換看路線自明如左圖

四回身勢　左撲則右轉身右撲則左轉身其要領與砲拳回身同其路線亦同

○第三節　猴形

猴物之最靈巧者也、達爾文以人生進化、皆始於猿猴、蓋其身體各機關之組織、腦筋之靈活、與人相去不遠也、猴形有縮力之法、有縱山之能、在腹內則為心源、在拳為猴形、其拳順則心神定靜、而形色純正、其拳謬則心搖神亂、而形色失和、學者須注意焉、

一、路線如下圖

一、第一勢　由三體勢將左足提起走往右邊墊步極力向外扭勁左手落至小腹與劈拳同樣鑽出身隨左足向左轉右足極力進步至左足前方足尖向裏扣勁落下此時身体與面向或西南或東北祇看從何方起点若由北方起点此勢則面向東北矣復將左足與左手同時撤至右足後方右手再從左手上方劈出此勢與劈拳畧同

二、第二勢　由一勢將左足極力往後墊步右足踏地拉至左足處足跟提起足尖着地足跟對左足脛骨身體成三折形右手撤至小腹肘靠脇左手出至口前約二十生的手心向下兩手如鷹捉五指具張肘靠脇兩胯裏根與臀尾極力往後縮力頭稍向前並、向上頂勁如左圖

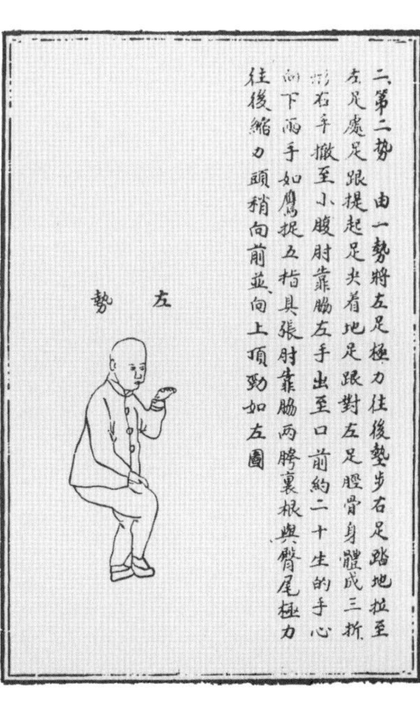
左勢

三、第三勢　由二勢將右足極力向前墊步右手左足同時並出收左手至左脇復出右足左手亦同時並出惟右腿極力上提大腿根與小腹相蹦足尖極力上仰微停再出右手落右足左手又收回出手落足收手要齊整此勢與劈拳相同

左勢

四換勢　由三勢將右足極力向外扭勁右手亦如左勢落在小腹處復行鑽出身体隨右足右臂極力向前進步復極力向裏扣足此時面向西北矣再出左手仍如左勢往後縮力復向前進步出手提足收手無不與左勢同至於第二第三勢均與左勢之第二第三勢同故不復贅

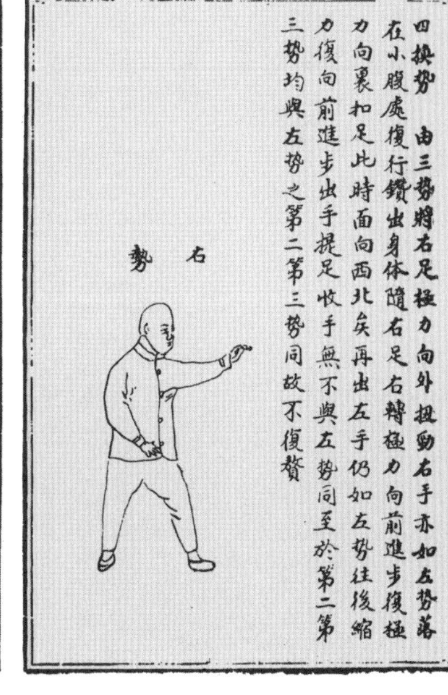
右勢

五、收勢　至原起地点作三体勢

〇第四節　馬形

馬之性最馴熟、馬之形最勇敢、且有疾步之能、富於衝力、世人用以充軍、良有以也、在腹內則為意、在拳則為馬形、其拳順則意定氣平、其拳謬則意妄氣乖、而手足不靈矣、

一、路線　馬形之路線每三步為一組前腳進後腳大進前腳復進而後腳跟進如左圖

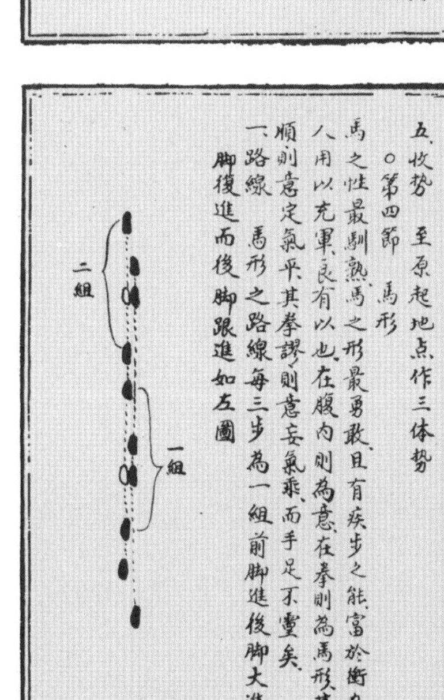

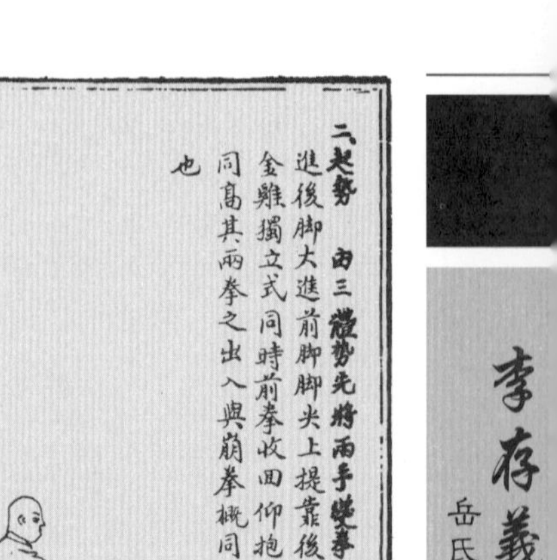

二、起勢　由三體勢先將兩手變拳後陽前順然後前脚小進後脚大進前脚脚尖上提靠後足脛兩膝尤須靠緊成金雞獨立式同時前拳收回仰抱與臍齊後拳順出與胸同高其兩拳之出入與崩拳概同但須與脚相合此起勢也

三、落勢　由起勢以上提之脚復進一大步後脚跟進同時收回前拳伸出後拳仍與崩拳之動作同此落勢也

四、回身勢　左手前則右轉身右手前則左轉身其動作即將前拳收回同時由右(左)向後轉而伸出後拳轉時以兩足跟為軸足尖離地少許

○第五節　鮀形

鮀為水族中最伶之物、此形有游泳之能、在腹內為腎、能散心火消飲食活潑周身之筋骨融化身體之拙氣拙力、其拳順則筋骨能轉弱為強易拙重為輕靈、其拳謬則手足拘束、而筋骨固滯不通、可不慎哉、

一、路線　鮀形之路線每一步為一組其形如電光

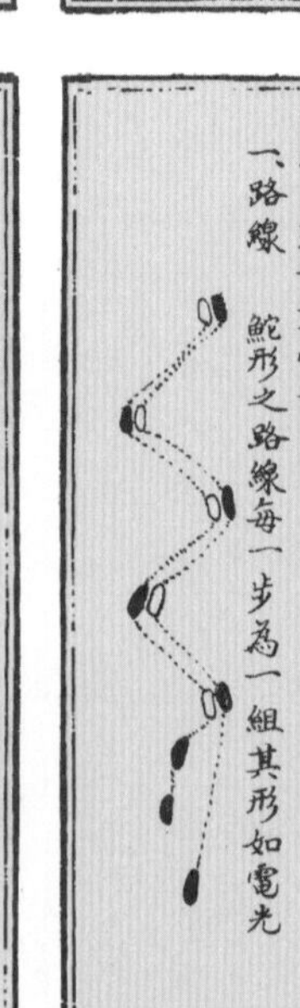

二、左勢　由三體勢左足向前墊步右足前進着地左足隨之緊靠右脛全足離地少許同時右臂由胸鑽出至口而外翻左臂隨至胸前如劈拳惟肘下垂較重除大指食指伸開餘指彎曲

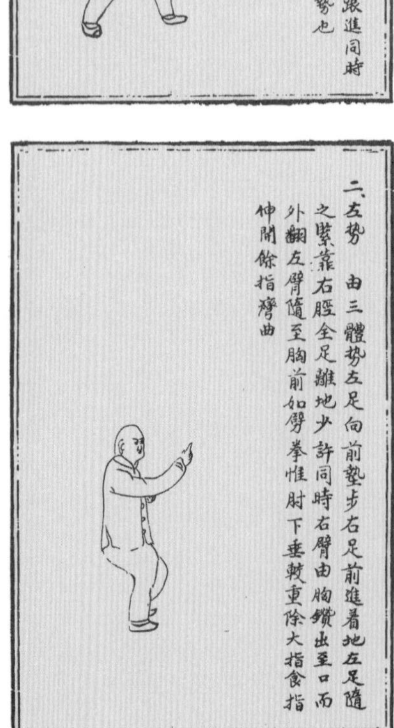

三、左勢　由右勢左足斜向前進右足隨之緊靠左腿離地少許同時左臂由胸鑽出至口而外翻右臂隨至胸前與左勢略同動作時兩眼須注視左右手之食指兩手雖有分合總是一氣如連環不斷手足雖有分合總與腰合成一氣如萬派出於一源上下雖有分合而腰頸總是一致不可乖離此鮀形之精神也

四、回身勢　當出右手右足之時左足不落即極力回身同時左臂由胸鑽出右手右足隨跟左勢回身亦如之

第六節　雞形

雞有獨力之能有振翼之威有奮鬥之勇且司晨報曉最有益之家畜也此形能起足跟之勁使之上升能收頭頂之氣以之下降且能散真氣於四体之中拳順則上可補腦筋之不足下可醫腿足之疼痛拳謬則腦筋不足手足麻木不仁此不可不注意也

一、路線　雞形之路線與馬形同

二、起勢　由三體勢前腳小進同時將前手收回後手從前手下面鑽出後腳急進一大步更同時收回後手仍由手之下面鑽出前手此時前腳提起附着於後足脛且兩膝靠緊名曰金雞獨力式兩手出入時務必提腰挺頸肩須垂扣身體不可搖動此為至要

金雞獨立

(一)

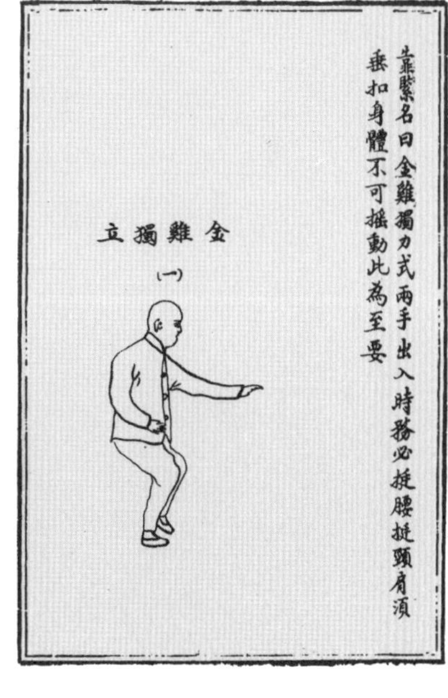

三、落勢　上提之腳前進一大步後腳跟進成三體勢腳落地時伸出之手極力向外推勁收回之手極力向下按勁一切要領均與三體勢同

(二)

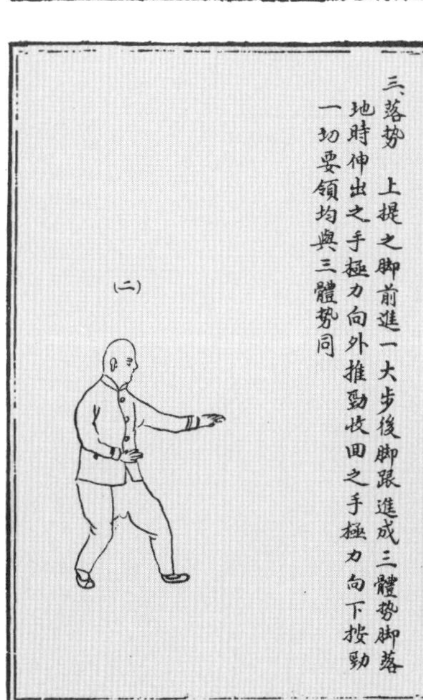

四、回身勢　右手前則左轉身左手前則右轉身轉時以兩足跟為軸將前手收回同時由左(右)向後轉而伸出後手

○第七節　鷂形

鷂形者、最鋒利最銳敏之形也、飄忽猛鷙、不可方物、誠以鷂之為物、有束翅之法、有入林之能、有翻身之巧、在腹內能收心藏氣、在拳內能束身縮体、拳順則能收先天之氣入於丹田、且能束身而起、藏身而落、拳謬則心努氣乖、而身亦捆束不靈矣、

一、路線　鷂形之路線甚複雜先由兩足橫併為一然後出左足為二次則左腳小進右足大進左足靠右腿為三復進左足為四此一組也次則三步為一組左足進為一右足進為二左足退進為三再次則回身進左足為一復進為二右足大進為三復進左足為四此又一組也

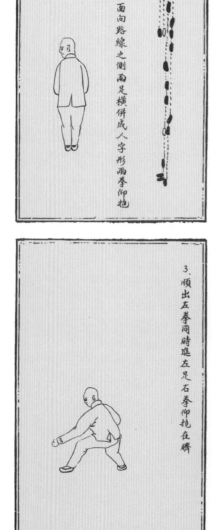

二、動作　1.面向路線之側兩足橫併成人字形兩拳仰抱在臍

2.身向下作勁兩腿灣曲兩拳相交右拳在上由腹際錯出此時面對路線上身向左斜

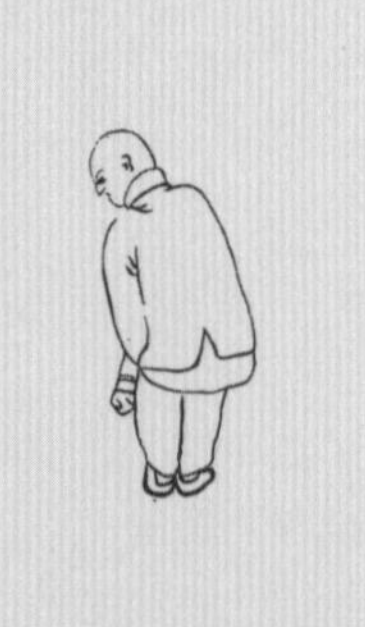

3.順出左拳同時進左足右拳仰抱在臍

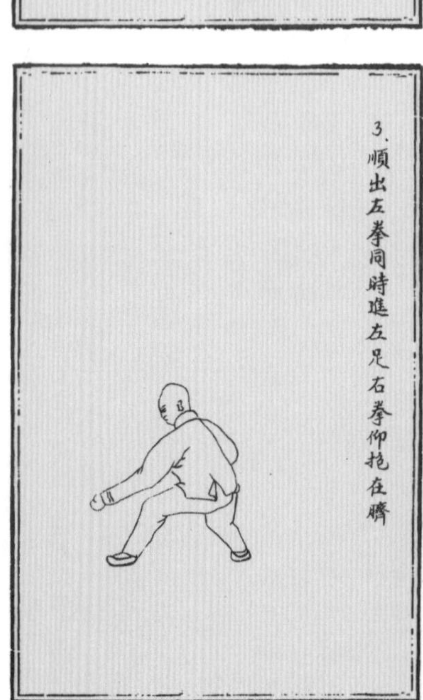

六、再進左足右足隨進一大步左足靠右脛兩膝靠緊同時收回左拳右拳由胸部鑽出復進左足順出左拳右臂即向上架右拳齊眉右肘須有裹力其要領同砲拳

5、進步作鑽拳凡三進步仍右拳在前始回身進左足右臂攔於面前竭力向裏裹隨即橫翻右臂上護頭部同時身体斜向後撤左拳上移至與接近則右拳向後畫成椭圓左拳即由襠內向外鑽出名曰鷂子入林式隨之左足小進右足大進成金雞獨立式同時右拳鑽出左拳收回然後仍出左拳進左足作順步砲拳式

三、收勢　復至起点時轉身作鷂子入林式然後順步砲拳即為收勢

○第八節　燕形

燕者最靈巧之物也、此形有躍身之法、有抄水之妙、有輕捷之靈、在腹內能取腎水與心大相交、在拳能活動丹田之氣、充塞週身、拳順則四竅開、精神足、腦筋強、拳謬則丹田氣滯、身体插重、而氣亦不通矣、

一、路線　燕形之路線先以兩步為一組即左足小進後右足大進再以四步為一組左足着地為一右足進為二左足復進右足跟進為三復出左足為四

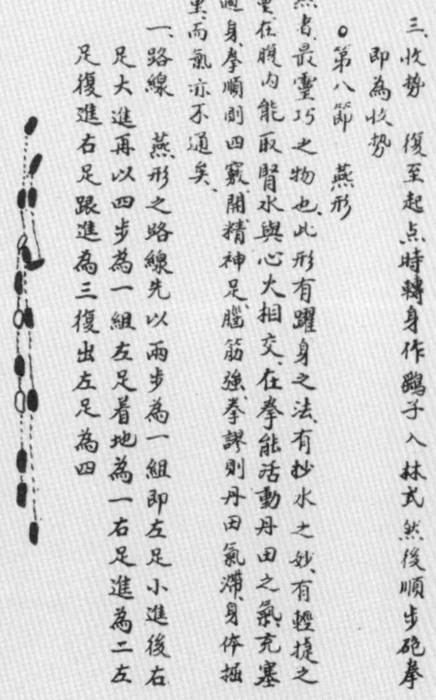

二、動作　人、由三体勢左足小進同時收回左手右手從左手下面伸出然後右足急進一大步同時收回右手左手再從右手下面伸出其要領概與雞形同如是連作兩次

乙、左足前進右足連進同時提起左足左手由胸部下攔右手上舉過頂手掌向外

3.復進左足身体向後斜低將重點全移於右腿上左腿屈下離地少許然後急以左手順左腿抄出身即隨之而右手向後畫圈復由下向上撈打此時左手附着右腕右手掌心向上名燕子抄水式

外復進左足劈出左掌再進步作劈拳其回身與雞形回身同

三、收勢　回至起点照劈拳轉身法回身作劈拳即為收勢

○第九節　蛇形

蛇者最活潑之物也、能曲能伸能吸能放、能繞能蟠能柔能剛、在腹内即為腎中之陽、在拳為蛇形、能活潑腰中之力、拳順則内中真陽透於外部而精神煥發、拳謬則陰氣拘束、拙勁不化、身体不能活潑、心竅亦不能通徹矣、

一、路線　蛇形之路線每二步為一組勢皆斜出如圖

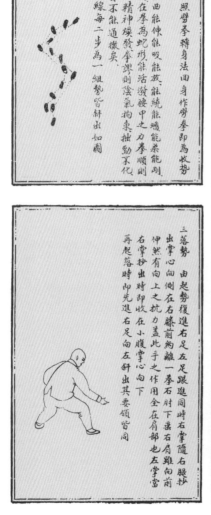

二、起勢　由三體勢左足橫出向右斜進右足跟進成剪子股式同時左掌向外撥掌心向外肘向裏裹距右肩少許右掌即從小腹向左下方鑽出此時兩掌用力務必平均至提肛挺腰垂肩尤不可忽

三、落勢　由起勢復進右足左足跟進同時右掌隨右腿抄出掌心向側在右膝前約離一拳右肘下垂右肩雖向前伸然有向上之抗力蓋此手之作用全在肩部也左掌當右掌抄出時即收在小腹掌心向下

再起落時即先進右足向左斜出其要領皆同

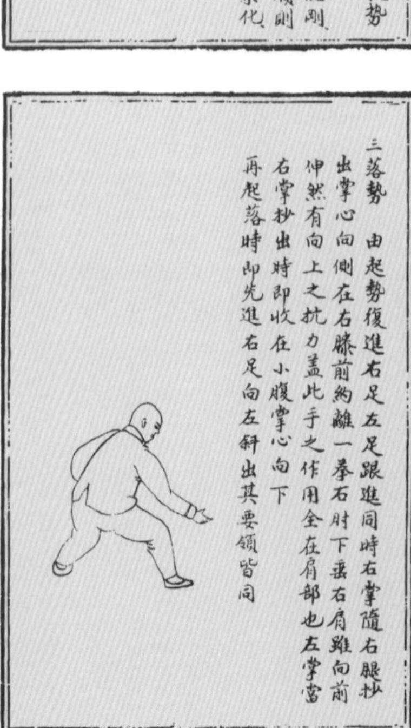

四、回身勢　右手前則左轉身左手前則右轉身轉時即將後足橫向後進前足跟進後手即隨後腿撥出前手收至腹際與起勢同

○第十節　鮐形

鮐之為物、性最直、氣最猛、有豎尾之精有展翅之能上起可以翅升、下落足以搞物、此形在腹則通肝肺在拳則為鮐形、拳順則肝舒氣固、且能活肩活足、拳謬則肝不舒、氣不固、而兩肩亦拘滯不活矣、

一、路線　鮐形之路線與鮀形略同惟每二步為一組後足跟進着地其兩足如虎形之落勢是其不同耳如圖

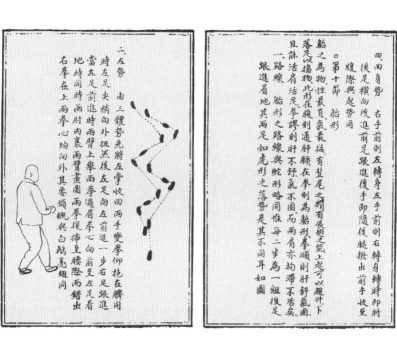

二、左勢　由三體勢先將左掌收回兩手變拳仰抱在臍同時左足尖稍向外扭然後左足向左前進一步右足跟進當左足前進時兩臂上舉兩拳過眉拳心向前至左足着地時同時兩肘內裹兩臂畫圓兩拳復捧至腰際而錯出右拳在上兩拳心均向外其要領概與白鶴亮翅同

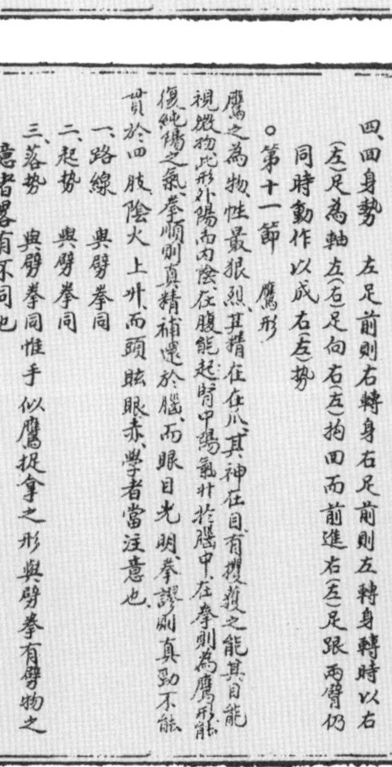

三、右勢　由左勢右足斜向右前進一步左足跟進兩臂之動作與左勢同

左右交互動作多少自便、

四、回身勢　左足前則右轉身右足前則左轉身轉時以右(左)足為軸左(右)足向右(左)拘回而前進右(左)足跟兩臂仍同時動作以成右(左)勢

○第十一節　鷹形

鷹之為物、性最狠烈、其精在爪、其神在目、有攫獲之能其目能視微物、此形外陽而內陰、在腹能起腎中陽氣升於腦中、在拳則為鷹形、能復純陽之氣、拳順則真精補還於腦、而眼目光明、拳謬則真勁不能貫於四肢、陰火上升、而頭眩眼赤、學者當注意也、

一、路線　與劈拳同

二、起勢　與劈拳同

三、落勢　與劈拳同惟手似鷹捉拿之形與劈拳有劈物之意者畧有不同也

○第十二節　熊形

熊之為物、性最鈍、而形則最威猛、有豎頂之力、此形在腹、能使陰氣下降、還於丹田、在拳則為熊形、能復純陽之氣、與鷹形之氣相接、上升為陽、下降為陰、二形相合、謂之鷹熊合一、

一、路線　路線與橫拳同

二、起勢　由三體勢先將左手收回、如劈拳再順胸上鑽、高與肩齊、右拳置臍、同時右足前進一步、足跟對左脛骨、兩足距離與橫拳同、腰挺頸豎、兩肩垂扣、兩眼注視左拳、此起勢也

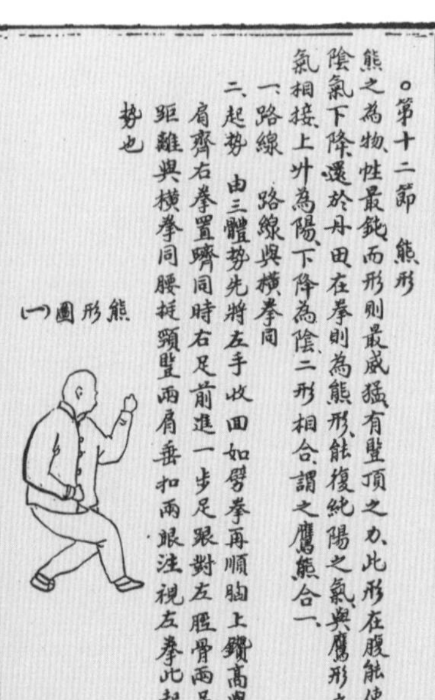
熊形圖(一)

三、落勢　由起勢右手順身往上鑽出、至與左手相遇、再往下按、如鷹捉物狀、臂似曲似伸、左手同時向後回至小腹處、畧同劈拳、左足同時前進一步、右足隨進、足尖着地、兩眼注視右手食指、此時身體似懸似捆似開似合

四、回身勢　右足前則左轉身、左足前則右轉身、如右足在前、以兩足跟作軸、從左向後轉、同時右拳上鑽、左掌變拳置臍、成起勢、再進

目　錄①

【注釋】

①目錄：原書目錄與正文有不統一的情況，在此按正文改正統一。

岳氏意拳原序①

天下之治道有二：曰德，曰威；天下之學術有二：曰文，曰武。然武之所重者，技藝也。況國家講禮有法，蒐苗獮狩②，各有其時，而其間精微奧妙，各有不容率意妄陳者。余嘗擬著為論，公諸同好，特恐言語不精，反悮③後世，此心耿耿，曷其有極④。

茲見岳武穆王拳譜，意既純粹，語亦明暢，余愛慕之忱，急錄之為誌。王諱飛字鵬舉，河北相州湯陰人也。父早卒，事母至孝。少負節氣，優於將略，剛毅多謀，家貧力學，尤好《左氏春秋》⑤。其志勇絕論⑥超群，當時名將無比。及長，應募於東京留守，與宗澤⑦談兵，曰：如將軍者，方可與言孫吳⑧。屢尚戰功，遂成大將。

善以少擊眾，自率八百人，破王善⑨等五十萬眾與⑩南薰門⑪；八千人破曹城⑫等十餘萬於桂嶺；其戰兀術⑬於順昌，則皆後嵬⑭八百騎，大破金兵於朱仙陣⑮，又帥五百人破金兵十餘萬眾。有所舉，必謀定而後戰，故有勝無敗。猝遇敵不動，故敵為之語曰：撼山易，撼岳將軍難。

張俊⑯常問用兵之術於王，王曰：仁、信、志、勇、嚴，缺一不可。平生好賢禮士，博覽經典，雅歌投壺⑰，恂恂然⑱如書生。每戰勝必辭功曰：將士效力，飛何功之有？忠憤激烈，議論持正，不挫於人卒，以此為禍。余為宋深惜之。

王當童子時，受業於少林侗⑲大禪師，精通槍法，以槍為拳，立一法，以教將佐，名曰意拳。神妙莫測，蓋從古未有之技也。

王以後金、元、明數代，鮮明其技，獨我姬公，名際可，字隆風，先生於明末清初，為蒲東諸馮人氏，訪名師於終南山，得岳武穆王拳譜。後授余師曹繼武先生於秋蒲⑳，時人不知其武勇。先生習練十有二年，技勇方成。清康熙癸酉年㉑科聯捷三元，欽命為陝西靖遠總鎮大都督之職。

到任歸籍，余游至池州，先生以此拳授余，學三十自寒暑，先生曰：子藝成矣。命余回晉，至洛陽，遇學禮馬公㉒，書於談勢甚洽，囑余為序。余不文，焉能為序！但見世有勇敢之士，未嘗無兼人之力，及觀其藝再叩其學手不應心，語不合道者何也？不得個中正真傳㉓故耳。

所謂真傳者，名曰武，其實貴和。和者，智與勇順成自然之理也，而非近世所習捉拿、扚㉔打、封閉、閃展、逞其跳躍悅人耳目者之可比。其意拳大要，不外五行、陰陽、起落、進退、動靜，虛實，而其妙又須六合。

六合者何也？分內三合、外三合。內三合：眼與心合，心與意合，意與氣合；外三合：手與足合，肘與膝合，肩與胯合。內外如一，稱其六合。

苟能日就月將㉕，智無不圓㉖，勇無不生。得乎智之理㉗，會乎和之精㉘，自然能去能就、能弱能強、能進能退、能柔能剛，不動如山岳，難知如陰陽，無窮於天地，充足如太倉，浩渺如江海，眩曜如三光㉙。以此視近世之演

武者，異乎？不異乎？同乎？不同乎？學者可不詳辯歟？是為論。

中華民國二十三年六月下旬
山西太谷董秀升錄於省垣之寄廬

【注釋】

①岳氏意拳原序：此序是董秀升錄戴龍邦自抄譜原序，但未錄原序落款。戴龍邦於池州從曹繼武學，藝成返晉途經洛陽時，應同門馬學禮之請而為其拳譜作序，後移於自抄譜。自抄譜篇末署：「時在乾隆十五年歲次庚午荷月，書於河南洛陽馬公書屋」。

此序為心意拳最早的文字資料之一，武術研究學者號筱非曾做校注，提出五點存疑之處，尚待進一步考證。

②蒐苗獮狩：蒐，音ㄙㄡ，古時指春季之獵；苗，古時指夏季之獵；獮，音

ㄒㄧㄢˇ，古時指秋季之獵；狩，音ㄕㄡˋ，古時指冬季之獵。蒐苗獮狩，古時分別指春、夏、秋、冬四季之獵。

③悞：音ㄨˋ，同「誤」。

④曷其有極：何時達到盡頭。

⑤《左氏春秋》：即《左傳》，全稱《春秋左氏傳》，儒家十三經之一。《左傳》是中國第一部敘事詳細的編年史著作，相傳是春秋末年魯國史官左丘明根據魯國國史《春秋》編成，主要記載了東周前期各國政治、經濟、軍事、外交和文化方面的重要事件和重要人物，是研究我國先秦歷史很有價值的文獻，也是優秀的散文著作。

⑥論：古同「倫」。

⑦宗澤：宋朝名將。宗澤在任東京留守期間，曾二十多次上書宋高宗趙構，力主還都東京，並制定了收復中原的方略，均未被採納。他因壯志難酬，憂憤成疾而卒。

⑧孫吳：古代兵家孫武和吳起的合稱，此處借指兵法。

⑨王善：南宋叛軍將領。

⑩與：原文誤作「與」，據文義當為「於」。

⑪南董門：《宋史·岳飛傳》作「南熏門」，應從《宋史·岳飛傳》。

⑫曹城：《宋史》作「曹成」，南宋叛軍將領。應從《宋史》。

⑬兀術：完顏宗弼，別名兀術，金國人，女眞族，金朝的開國功臣，曾任金國太師、太傅、沈王、都元帥。完顏宗弼文韜武略，在女眞崛起的過程中起了很大的作用，是女眞族史上的英雄。

⑭後蒐：《宋史》作「背嵬」，即「背嵬兵」，古大將之親隨軍。原文「蒐」誤，應為「嵬」，音ㄨㄟˊ。

⑮陣：原文誤作「陣」，係「鎮」之誤。

⑯張俊：南宋將領。

⑰雅歌投壺：語出《後漢書·祭遵傳》：「對酒設樂，必雅歌投壺。」投

壺，古代宴會禮制，也是一種遊戲，方法是以盛酒的壺口作為目標，用矢投入，以投中多少決勝負，負者須飲酒。雅歌投壺，形容舉止文雅。

⑱恂恂然：恭謹溫順的樣子。恂，音ㄒㄩㄣˊ。

⑲侗：周侗，北宋末年武術大師，以善於箭術聞名。岳飛之師。正史作「周同」。《宋史》載：「（飛）學射於周同，盡其術。」

⑳秋蒲：安徽池州府，今屬安徽貴池。

㉑清康熙癸酉年：康熙三十二年，西元一六九三年。

㉒學禮馬公：馬學禮，河南人，清代武術家，河南系心意六合拳祖師。馬學禮師承不詳，一說為山西姬際可。

㉓個中正眞傳：原文誤作「個中正眞傳」，「正」係衍字，應刪除。

㉔拘：同「勾」。後同。

㉕日就月將：每天有成就，每月有進步。形容精進不止。

㉖智無不圓：智慮無不周到、通達。

㉗得乎智之理：得到智慧運用拳術的奧妙、原理。

㉘會乎和之精：融多種原理、法則為一體而成精華。

㉙能去能就……眩曜如三光：此句語出《三國演義》。董本語序與其文字略有不同。「無穹」，係抄誤，當為「無窮」。曜，音一ㄠˋ。

上編

岳氏意拳十六要訣

十六者，即一寸、二蹦①、三攢、四就、五夾、六合、七疾、八正、九經、十驚、十一起落、十二進退、十三陰陽、十四五行、十五動靜、十六虛實。

一寸是步也。二蹦是腿也。三攢是身。四就是束身，上下束而為一也。五夾是剪，兩腿行如剪也。

六合是內外六合也，手與足合，肘與膝合，肩與胯合是外三合也；眼與心合，心與意合，意與氣合，是內三合也。內外如一稱其六合也。七疾是毒，眼毒、心毒、手毒也。

八正是直也，看斜是正，看正是斜也。九經是手摩內五行也。十驚是驚起，四稍②要齊也。十一起落，起是去，落是打。起亦打，落亦打，起落如水之翻浪也。十二進退，進步要低，退步要高。不知進退枉學藝也。十三陰陽，看陰而有陽，看陽而有陰也。天地之陰陽相合則雨，拳之陰陽相合能成一氣也。

十四五行，內五行要動，外五行要隨也。十五動靜，靜為本體，動為作用。若言其靜，未漏其機，若言其動，未見其跡，靜中觸動，動猶靜也。一切變化，皆動靜之妙也。十六虛實，虛是精，實是靈，精靈皆有，稱其虛實也。

【注釋】

①踹：同「踐」。後同。

②稍：同「梢」。後同。

形拳原理①

形者，天地化生萬物之形也。萬物生於天地，各得其一體，雖間有偏而不全，然亦能各盡其性，以隨時起止，而不稍負其形。人為萬物之靈，享受獨厚，心思形骸耳目手足，聰明睿智，才力氣魄，廣大精奇，無所不備，足以配天地，本神明，贊化育。故孟子曰：萬物皆備於我②。若舍形骸而不治，棄聰明而不用，是辜負天地賦我之形，諺之所謂錯受人形也。孟子曰：惟聖人然後可以踐形。形拳者，亦踐形之一端也。

【注釋】

①原文此標題前「上編」兩字多餘，刪去。

②萬物皆備於我：語出《孟子·盡心上》。東漢趙岐注：「物，事也；我，身也。」本句大意是，世界上萬事萬物之理已經由天賦予我，在我的性分之內完全具備了。

十二形①

十二形者，一曰龍，二曰虎，三曰猴，四曰馬，五曰鮀②，六曰雞，七曰鷂，八曰燕，九曰蛇，十曰鮐，十一曰鷹，十二曰熊。蓋諸物受天地之精，各得其一體，其形雖偏，然絕利一源，獨得天地之妙，且形雖十二，卻能該③括萬物之理，實為萬形之總綱。

吾人倘能盡十二形之妙，即盡萬形之妙矣，況萬物舞蹈，常法人形，而人反不能格萬物之理以全其形，則人不如物矣，夫豈可哉。

【注釋】

①原文此標題前「第一章」三字多餘，刪去。

②鮀：保定本、孫祿堂《形意拳學》均為「鼉」。

③該：原文誤作「該」，係「概」之誤。

第一節 龍形

龍為最靈最神之物，有升降之形，為剛柔之體，有搜骨①之法，有大小之化。其勁起於承漿之穴（即唇下陷坑處），與虎形之氣輪迴相接②。其拳順則心火下降，身體靈活；其拳謬則陰火燒身，絕無活潑之希望。學者不可忽也。

一、開勢（即三體勢）

與上冊③上編第一章第五節同一要領，如下圖（圖一）。

二、起　勢④

由三體勢左足尖向左斜橫，足心離地，右足扭直，足掌著地，足跟提起，

圖1　三體圖

兩手如劈拳，但右手前出，左手收回，身體伏下，小腹置於左腿上，兩目注視右手食指，手與心齊平，如龍下降之形。此時，胯裹腰挺，肛提肩垂，心平氣和，不可努力助長。（圖二）

三、換　勢⑤

由前勢將右手收回，如劈拳要領將左手劈出，同時腰中挺勁，身向上騰，兩足前後更換，如龍升天之形。落下時，四梢要齊，與前勢同。但更換時，頭隨身向上頂，眼隨手向上看，下頦前伸上提。如此反覆動作，數之多寡不拘。（圖三）

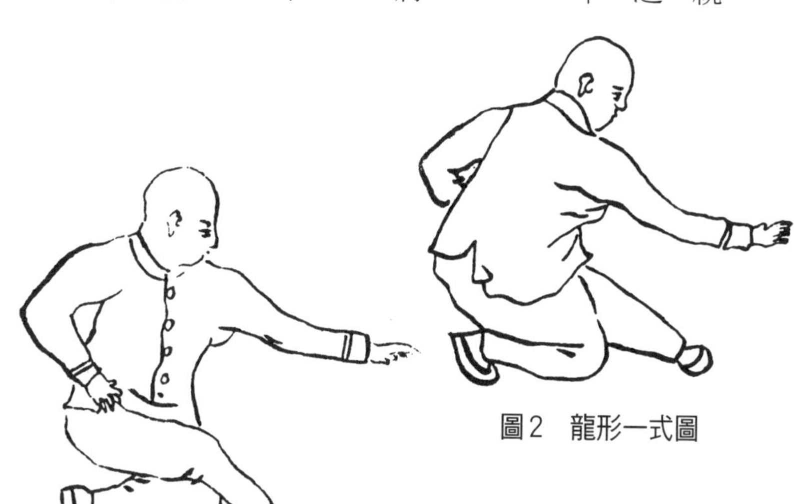

圖2　龍形一式圖

圖3　換勢圖

四、收　勢

收勢仍還於起勢，右手左足在前穩住，將左手伸出，右手收回，成三體勢停止。

【注釋】

①搜骨：在此有聚集、回縮、深入的意思。龍有升降、起伏、伸縮之變化，故練習龍形有鬆開關節、抻筋拔骨，使眞氣收斂入骨的功效。

②其勁起於……輪迴相接：龍形之勁起於承漿，即任脈起點，其氣下降，而虎形之氣起自督脈之起點長強穴，其氣自下上升，所以龍虎二形一前一後，一降一升，二氣輪迴相接。

③上冊：指《岳氏意拳五行精義》，後同。

④起勢：接三體勢，左手下落回抓至心口變陽拳，向前上方鑽出，高與鼻齊，右手同時也變陽拳置於臍下。同時左足微抬起，足尖向左斜橫。緊接著左足（前足）落地，右足（後足）扭直足跟離地。同時右拳順著左臂內側劈出下按，

左拳變掌撤至左胯旁，臂成弧形。兩掌下按的同時身體向左轉略向前俯，成坐盤姿勢，兩掌心向下，眼看前手（右掌）。

⑤ 換勢：右手回抓變拳，經腹、胸、下頦向前上方鑽出，左手同時變拳。同時身體向上躍起，兩足用力蹬地，在空中換成右前左後的交叉步。左拳順著右臂內側劈出下按，右拳變掌撤至右胯旁。兩掌下按的同時身體右轉下蹲成坐盤勢。要點：身體上騰時，要與兩臂上鑽動作一致；下落時要和兩掌下劈動作一致；兩足在空中交換，速度要快。

第二節　虎　形

虎有伏身離穴之勢，又有撲食之勇，又有坐窩之能。其勁發於臀尾①，其拳順則清氣上升，其拳謬則濁氣不降、則諸脈不通。醫家謂督脈，為百脈之源，督脈通則諸脈通。督脈即臀尾也。

一、路　線

虎形之路線與炮拳同。（圖四）

二、起　勢②

由三體勢先將兩手往前下方伸直，再將右足前進，左足提起，緊靠右足脛。同時兩手握拳抽回，陽置小腹，兩肘緊靠兩肋，兩臂須有裹力，挺腰提肛。此起勢也。要領與炮拳同。如下圖③（圖五）。

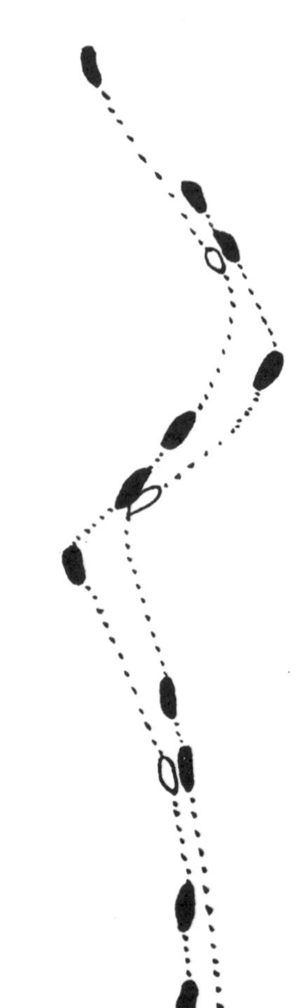

圖4　虎形路線

圖5　起勢圖

三、落　勢④

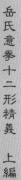

兩拳由胸口鑽出，翻落變掌如弧形，同時左足前進，右足隨跟。此時兩肘下垂，兩掌間隔少許，虎口相對，與胸齊平。總之，手起而鑽，手落而翻，手足齊落挺提伸肩，此虎形精神之大概也。至左右互換，看路線自明。如下圖（圖六）。

圖6　落勢圖

四、回身勢

左撲則右轉身，右撲則左轉身。其要領與炮拳回身同，其路線亦同。

【注釋】

①勁發於臀尾：指向前邁步發掌時，肛門上提尾閭向前扣，命門向後撐勁，使足之蹬力經胯腰和脊背上達於手。孫祿堂《形意拳學》中形意拳演習之要義中的「塌腰者，尾閭上提，陽氣上升，督脈之理也」，即是此義。

②起勢：右掌向前伸與左掌齊，掌心向下，右足向前進一大步。同時兩掌變拳撤至肚臍兩側，拳心均向上，左腿跟進提靠在右足踝關節處。

③如左圖：原書圖在文字左邊，此處文字與原文保持一致，與配圖位置無關。後同。

④落勢：左足向左前方斜進一步，右足跟半步。同時兩拳順著胸部向上伸，拳心向內，兩拳翻落變掌，成弧形向前按出，虎口相對，高與胸齊。

要點：左足前進要與兩掌翻落前按動作整齊一致；按出後要沉肩、墜肘、塌腰，頭頂項豎，兩膝微內扣。

第三節　猴　形

猴，物之最靈巧者也。達爾文以人生進化，皆始於猿猴，蓋其身體各機關之組織，腦筋之靈活，與人相去不遠也。

猴形有縮力之法，有蹤①山之能，在腹內則為心源，在拳為猴形。其拳順則心神定靜，而形色純正；其拳謬則心搖神亂，而形色失和。學者須注意焉。

路線如左圖（圖七）。

圖7　猴形路線

一、第一勢②

由三體勢將左足提起，走往右邊，墊步極力向外扭勁，左手落至小腹，與劈拳同樣鑽出，身隨左足向左轉，右足極力進步至左足前方，足尖向裏扣勁落下。此時，身體與面向或西南或東北，只看從何方起點，若由北方起點，此勢則面向東北矣。復將左足與左手同時撤至右足後方，右手再從左手上方劈出。此勢與劈拳略同。（圖八）

二、第二勢③

由一勢將左足極力往後墊步，右足踏地拉至左足處，足跟提起，足尖著地，足跟對左足脛骨，身體成三折形，右手撤至小腹，肘靠脇，左手出至口前約二十生的④，手心向下。兩手如鷹捉，五指具張，肘靠脇，兩胯裏根與臀尾極力往後縮力，頭稍向前並向上頂勁。如下圖（圖九）。

圖8　左勢一圖

圖9　左勢二圖

三、第三勢⑤

由二勢將右足極力向前墊步，右手左足同時並出，收左手至左脇。復出右足，左手亦同時並出，惟右腿極力上提，大腿根與小腹相觸，足尖極力上仰，微停。再出右手落右足，左手又收回，出手落足收手要齊整。此勢與劈拳相同。（圖十）

四、換　勢⑥

由三勢將右足極力向外扭勁，右手亦如左勢落在小腹處，復行鑽出，身體隨右足右轉，極力向前進步，復極力向裏扣足。此時，面向西北矣。

再出左手，仍如左勢，往後縮力，復向前進步，出手提足，收手無不與左勢同。至於第二第三勢，均與左勢之第二第三勢同，故不復贅。（圖十一）

圖10　左勢三圖

圖11　右勢圖

五、收 勢

至原起地點作三體勢。

【注釋】

①蹤：原文「蹤」字誤，當作「縱」。

②第一勢：接三體勢，左足提起足尖外撇，身體速向右走。左掌向下向裡收回胸前，轉掌心向上鑽出。身隨左足向左轉，右足向右後方退一大步（此時面朝左後方），足尖向裡扣勁落下。接著左足與左手同時回撤，左足落於右足後方。左手回撤，同時右手從左手上方劈出，左手落於臍下。此勢名為猿猴掛印。

③第二勢：接前勢，左足極力向後撤一步，右足跟著撤至左足前，足尖點地，足跟抬起，足跟對左踝關節，身體下蹲成三折。同時將右手撤回小腹處，肘靠脇，左掌順右肩方向前探，高與口齊，兩手如鷹捉，五指張開。此勢名為猿猴扨繩。

要點：後撤時，身體盡力向後縮，腰要塌，頭要向前向上頂勁。

④生的：「生的米突」（英語 centimetre 的音譯）的簡稱，即釐米（公分）。

⑤第三勢：接前勢，右足極力向前進一步，接著進左足。同時右手向前上方伸出，左手撤至肋下。緊接著左足蹬勁，右腿極力提起，大腿根與小腹相觸，足尖極力上翹。同時左手向前上方伸出，高與眼齊；落右足，右手伸出，左手收回臍下，左足跟半步。此勢名為猿猴爬竿。要點：動作要連貫，進步出掌要快速，右腳跳步時要和右掌伸出同步，落步要穩健。

⑥換勢：接前勢，右足極力向外扭勁，右手收回經小腹至胸前鑽出，身體隨著右足右轉，左足極力向左前方進步（假設從北方出勢），左足極力向裡扣。此時已面向西北，出左手。以下仍如左勢，惟手足相反，不再贅述。

第四節　馬　形

馬之性最馴熟，馬之形最勇敢，且有疾步之能，富於衝力，世人用以充

軍，良有以也。在腹內則為意，在拳則為馬形。其拳順則意定氣平，其拳謬則意妄氣乖，而手足不靈矣。

一、路　線

馬形之路線，每三步為一組，前腳進後腳大進，前腳復進而後腳跟進。如左圖（圖十二）。

圖12　馬形路線

二、起　勢①

由三體勢先將兩手變拳後陽前順，然後前腳小進，後腳大進，前腳腳尖上提靠後足脛，兩膝尤須靠緊，成金雞獨立式。同時，前拳收回仰抱與臍齊，後拳順出與胸同高。

其兩拳之出入與崩拳概同，但須與腳相合。此起勢也。（圖十三）

三、落　勢②

由起勢以上提之腳，復進一大步，後腳跟進。同時收回前拳，伸出後拳，仍與崩拳之動作同。此落勢也。（圖十四）

四、回身勢③

左手前則右轉身，右手前則左轉身。其動作即將前拳收回，同時由右（左）向後轉而伸出後拳。轉時以兩足跟為軸，足尖離地少許。

【注釋】

①起勢：接三體勢，兩掌變拳，後手

圖13　起勢圖

圖14　落勢圖

成陽拳，前手變立拳。然後前腳進一小步，後腳（右腳）迅速前進一大步，左腳提靠右足踝關節，兩膝緊靠成金雞獨立勢。同時，左拳撤回仰置於臍旁，右拳打出如崩拳，與胸等高。

②落勢：接前勢，左腳向前進一大步，右腳跟半步。同時收回右拳，打出左拳，仍與崩拳動作相同。

③回身勢：左手在前則右轉身，右手在前則左轉身，將前拳收回，前足回扣，後足提靠於前足踝關節，同時伸出後拳。以下與落勢相同。

第五節　鮀　形

鮀為水族中最伶之物。此形有游泳之能，在腹內為腎，能散心火，消飲食，活潑周身之筋骨，融化身體之拙氣拙力。其拳順則筋骨能轉弱為強，易拙重為輕靈；其拳謬則手足拘束，而筋骨固滯不通。可不慎哉。

一、路線

鮀形之路線每一步為一組，其形如電光。（圖十五）

圖15　鮀形路線

二、左　勢①

由三體勢左足向前墊步，右足前進著地，左足隨之緊靠右脛，全足離地少許。同時，右臂由胸鑽出至口而外翻，左臂隨至胸前，如劈拳，惟肘下垂較重，除大指食指伸開，餘指灣②曲。（圖十六）

圖16　左勢一圖

三、左　勢③

由右勢左足斜向前進，右足隨之緊靠左脛，離地少許。同時，左臂由胸鑽出至口而外翻，右臂隨至胸前，與左勢略同。

動作時，兩眼須注視左右手之食指。兩手雖有分合，總是一氣如連環不斷；手足雖有分合，總與腰合成一氣，如萬派出於一源；上下雖有分合，而腰頸總是一致，不可乖離。此鮀形之精神也。（圖十七）

圖17　左勢二圖

四、回身勢④

當出右手右足之時，左足不落即極力回身。同時，左臂由胸鑽出，右手右足隨跟。左勢回身亦如之。

【注釋】

①左勢：原文誤作「左勢」，據文義當為「右勢」。接三體勢，左足向前墊一步，右足向右前方進一步，左足跟進提靠右踝關節，全足離地少許。同時，

右臂由胸鑽出至口向外翻撐，左臂跟隨至胸前，兩手拇指與食指伸開，其餘三指彎曲，目注視前手食指。要點：右足和右手要協調一致，肩、肘、腕、掌成一弧形，掌向外翻撐時，要由腰胯帶動。

②灣：古同「彎」。後同。

③左勢：接前勢，左足向左前方進一步，右足提靠於左踝關節，離地少許。同時左臂由胸鑽出至口向外翻撐，右臂收回至胸前。要求與右勢相同。

④回身勢：當右手右足在前回身時，左足不落直接向左轉身，再向左前方前進一步。同時左手由胸向外翻撐，右手右足跟進，如左勢。左足左手在前回身時與此勢同，惟方向相反。

第六節　雞　形

雞有獨力①之能，有振翼之威，有奮鬥之勇，且司晨報曉，最有益之家畜

也。此形能起足跟之勁，使之上升；能收頭頂之氣，以之下降；且能散真氣於四體之中。拳順則上可補腦筋之不足，下可醫腿足之疼痛；拳謬則腦筋不足，手足麻木不仁。此不可不注意也。

一、路 線

雞形之路線與馬形同。

二、起 勢②

由三體勢前腳小進，同時將前手收回，後手從前手下面鑽出，後腳急進一大步，更同時收回後手，仍由手之下面鑽出前手。此時，前腳提起，附著於後足脛，且兩膝靠緊，名曰金雞獨力③式。兩手出入時，務必挺腰，挺頸，肩須垂扣，身體不可搖動，此為至要。（圖十八）

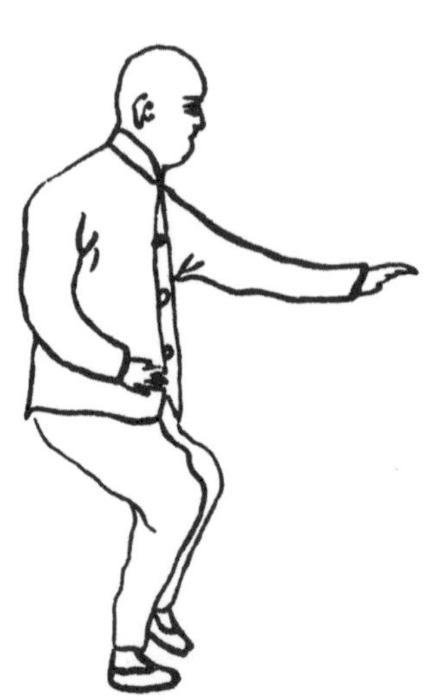

圖18　金雞獨立一圖

三、落　勢④

上提之腳前進一大步，後腳跟進成三體勢。腳落地時，伸出之手極力向外推勁，收回之手極力向下按勁，一切要領均與三體勢同。（圖十九）

圖19　金雞獨立二圖

四、回身勢⑤

右手前則左轉身，左手前則右轉身。轉時以兩足跟為軸，將前手收回；同時由左（右）向後轉而伸出後手。

【注釋】

①力：原文誤作「力」，據保定本當為「立」。

②起勢：由三體勢左足向前墊步，左腿曲膝前弓，右腿稍彎曲，足跟離地，上體微前傾。同時右掌從左掌下面向前穿出，高與胸齊，左掌撤至左胯旁，目視右手。右足極力前進一大步，左足跟隨提靠右足踝關節，成獨立步。同時左

掌從右掌下面向前穿出，高與胸齊，右掌撤回臍下，目視左手。

要點：縱步要遠、要穩，要挺腰、挺頸，肩要垂扣。

③力：原文誤作「力」，據保定本當為「立」。

④落勢：左足向前進一大步，右足跟進成三體勢。前足落時，前手極力向前推勁，後手極力向下按勁。要領同三體勢。

⑤回身勢：右手在前則左轉身，左手在前則右轉身。轉身時先回扣右足，再以左足跟為軸，將左足轉向後方。同時收回右手，伸出左手，成三體勢。

第七節 鷂 形

鷂形者，最鋒利、最銳敏之形也。飄忽猛鷙，不可方物。誠以鷂之為物，有束翅之法，有入林之能，有翻身之巧。在腹內能收心藏氣，在拳內能束身縮體。拳順則能收先天之氣入於丹田，且能束身而起，藏身而落；拳謬則心努氣乖，而身亦捆束不靈矣。

一、路　線

鷂形之路線甚復雜：先由兩足橫併為一，然後出左足為二；次則左腳小進，右足大進，左足靠右脛為三；復進左足為四。此一組也。

次則三步為一組，左足進為一，右足進為二，左足退進為三。

再次則回身進左足為一，復進為二，右足大進為三，復進左足為四。此又一組也。（圖二十）

圖20　鷂形路線

二、動　作

1. 面向路線之側，兩足橫併成人字形，兩拳仰抱在臍①。（圖二十一）

圖21

2.身向下作勁，兩腿彎曲，兩拳相交，右拳在上，由腹際錯出。此時，面對路線上身向左斜②。（圖二十二）

3.順出左拳，同時進左足，右拳仰抱在臍③。（圖二十三）

4.再進左足，右足隨進一大步，左足靠右脛，兩膝靠緊；同時收回左拳，右拳由胸部鑽出。復進左足，順出左拳，右臂即向上架。右拳齊眉，右肘須有裹力，其要領同炮

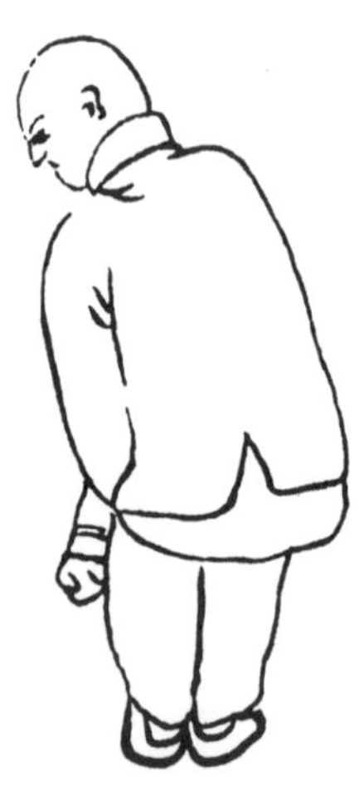
圖22

圖23

拳④。（圖二十四）

5. 進步作鑽拳，凡三進步，仍右拳在前，始回身進左足，右臂攔於面前，竭力向裏裹，隨即橫翻右臂上護頭部；同時身體斜向後撤，左拳上移至與接近，則右拳向後畫成橢圓，左拳即由襠內向外鑽出，名曰鷂子入林式。

隨之左足小進，右足大進，成金雞獨立式。同時右拳鑽出，左拳收回，然後仍出左拳，進左足，作順步炮拳式⑤。（圖二十五）

圖24

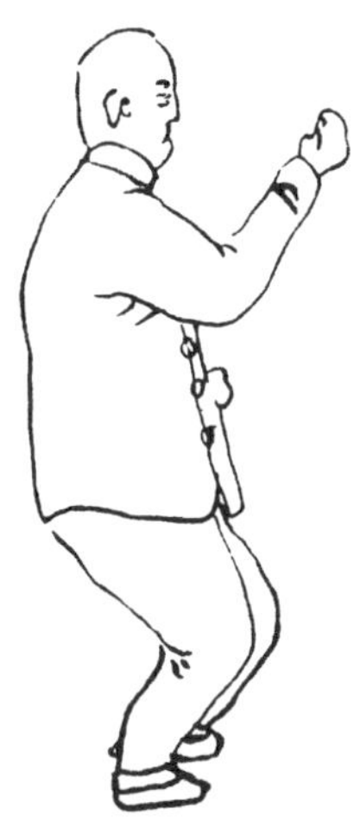
圖25

三、收　勢

復至起點時，轉身作鷂子入林式，然後順步炮拳，即為收勢。

【注釋】

①此一段為動作一：面向路線側方站立（假如路線為從北向南，則起勢時面向西），兩足成人字形，兩拳成陽拳置於肚臍兩側，目視路線前方。

②此一段為動作二：身體下蹲，兩拳相交於小腹前，右拳在上，向前下方打出，面對路線，身體微向左傾斜。

③此一段為動作三：沿路線進左足，同時左拳向前下方打出，拳眼向上，右拳撤回仰置於臍下。

④此一段為動作四：左足墊步，右足前進一大步，左足跟進提靠於右踝關節，兩膝緊靠。同時右拳經胸口向前上方鑽出，左拳收回，仰置於臍下。左足再進一步，同時左拳順出，右臂向上架拳與眉齊，要領同炮拳。

⑤此一段為動作五：左足墊步，進右足，右手下落經胸口出鑽拳，左手撤

回仰置臍下，左足跟半步。回身，右足回扣，左足轉向後方，右臂曲肘隨身體向左轉，經胸前伸至左肩前，下落於左肘下方，左拳在右肘下也隨身轉動，左拳上移接近右拳，右拳繼續向後畫弧。同時左拳由襠前向外鑽出，右拳置於小腹右側。此勢名為鷂子入林式。隨之左足墊步，右足進一大步，同時右拳鑽出，左拳收回臍下，成金雞獨立式。然後出左拳進左足，作順步炮拳勢。

第八節　燕　形

燕者，最靈巧之物也。此形有躍身之法，有抄水之妙，有輕捷之靈。在腹內能取腎水與心火相交，在拳能活動丹田之氣，充塞周身。拳順則四竅開，精神足，腦筋強；拳謬則丹田氣滯，身體掘①重，而氣亦不通矣。

一、路　線

燕形之路線：先以兩步為一組，即左足小進後，右足大進；再以四步為一

組，左足著地為一，右足進為二，左足復進右足跟進為三，復出左足為四。（圖二十六）

圖26 燕形路線

二、動 作

1.由三體勢左足小進，同時收回左手，右手從左手下面伸出，然後右足急進一大步；同時收回右手，左手再從右手下面伸出。其要領概與雞形同，如是連作兩次②。

2.左足前進，右足連進，同時提起左足，左手由胸部下攔，右手上舉過頂，手掌向外③。（圖二十七）

3.復進左足，身體向後斜低，將重

圖27

點全移於右腿上，左腿屈下離地少許，然後急以左手順左腿抄出，身即隨之，而右手向後畫圓，復由下向上撈打。此時，左手附著右腕，右手掌心向上，名燕子抄水式④。

4. 復進左足劈出左掌，再進步作劈拳，其回身與雞形回身同⑤。（圖二十八）

圖28

三、收 勢

回至起點，照劈拳轉身法回身作劈拳，即為收勢。

【注釋】

①掘：原文誤作「掘」，據保定本當為「拙」。

②動作一：動作及要領同雞形之金雞獨立，連續做兩次。

③動作二：接前勢，左足進一步，緊接著右足進一步，腳外扭斜向前方，

同時左足提起，右足獨立支撐，左手回收經胸部向下按，掌心向下，右掌經身前向上舉過頭頂，臂伸直，掌心向上。此勢名為燕子鑽天。

④動作三：接前勢，左足下落腳尖微向內扣進一步，腿伸直，右腿曲膝下蹲，成仆步，重心在右腿。同時，左手順著左腿向前推出，身體重心逐漸前移，右手向後、向下、向前畫圓，再由下向上撈打，掌心向上，左手附於右手腕。同時右腿跟進半步，重心落於右腿。此勢名為燕子抄水。

⑤動作四：左足進一步，劈出左掌，再抓回左掌，墊步遞左橫拳，進右足劈右掌，成劈拳勢。回身與雞形回身同。

第九節　蛇　形

蛇者，最活潑之物也，能曲能伸，能吸能放，能繞能蟠，能柔能剛。在腹內即為腎中之陽，在拳為蛇形，能活潑腰中之力。

拳順則內中真陽透於外部而精神煥發，拳謬則陰氣拘束，拙勁不化，身體不能活潑，心竅亦不能通撤①矣。

一、路 線

蛇形之路線每二步為一組，勢皆斜出。如圖（圖二十九）。

二、起 勢②

由三體勢左足橫出向右斜進，右足跟進，成剪子股式；同時左掌向外撥，掌心向外，肘向裏裹，距右肩少許，右掌即從小腹向左下方鑽出。此時，兩掌用力務必平均，至提肛挺腰垂肩尤不可忽。（圖三十）

圖29　蛇形路線

圖30　起勢圖

三、落　勢③

由起勢復進右足，左足跟進，同時右掌隨右腿抄出，掌心向側，在右膝前約離一拳，右肘下垂。右肩雖向前伸，然有向上之抗力，蓋此手之作用，全在肩部也。左掌當右掌抄出時，即收在小腹，掌心向下。再起落時，即先進右足向左斜出。其要領皆同。（圖三十一）

圖31　落勢圖

四、回身勢④

右手前則左轉身，左手前則右轉身。轉時即將後足橫向後進，前足跟進，後手即隨後腿撥出，前手收至腹際與起勢同。

【注釋】

①撤：原文誤作「撤」，據保定本當為「徹」。

②起勢：接三體勢，左足墊步微向右斜進，右足隨之略向前跟步，足跟離

地，重心移於左腿，成剪子股式。同時右掌由腹前向左下方插下，掌心向外，指尖向下，手背貼於左胯前，左臂曲肘，左掌收至右肩前，掌心向右，指尖向上，目視前方。要點：兩掌用力要平均。

③落勢：右腿向右前方進一步，左足隨之跟進半步，重心偏於左腿。同時右掌由下向右、向上撩出，掌略高於膝，掌心向左側，左掌撤至小腹，掌心向下。此為右勢。再起落時，先墊右足，要領與右勢相同。

④回身勢：右手在前則左轉身，左手在前則右轉身。轉身時將後足（左足）向外橫扭墊步，前足（右足）跟隨，右手向左下方插掌，左掌上升至右肩前。以下動作與起勢相同。

第十節　駘　形

駘之為物，性最直，氣最猛，有豎尾之精，有展翅之能，上起可以超升，下落足以搗物。此形在腹則同肝肺，在拳則為鮐形。拳順則肝舒氣固，且能活肩活足；拳謬則肝不舒，氣不固，而兩肩亦拘滯不活矣。

一、路 線

鮐形之路線與鮀形略同，惟每二步為一組，後足跟進著地，其兩足如虎形之落勢，是其不同耳。如圖（圖三十二）。

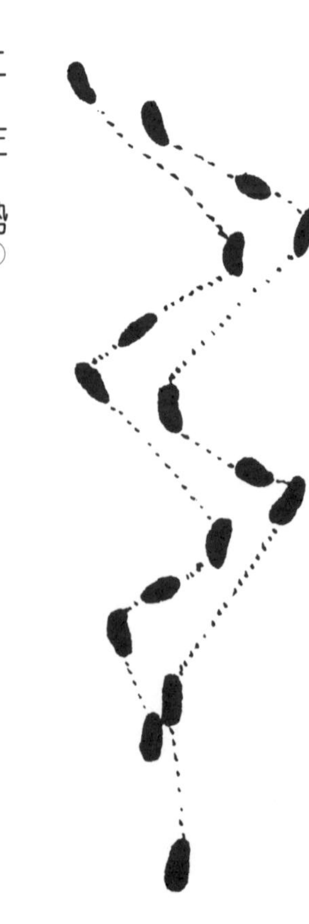

圖32　鮐形路線

二、左 勢①

由三體勢先將左掌收回，兩手變拳仰抱在臍，同時左足尖稍向外扭，然後左足向左前進一步，右足跟進。當左足前進時，兩臂上舉，兩拳過眉，拳心向前。至左足著地時，同時兩肘內裹，兩臂畫圓，兩拳復插至腰際而錯出，右拳在上，兩拳心均向外。其要領概與白鵝亮翅同。（圖三十三）

三、右　勢②

由左勢右足斜向右前進一步，左足跟進，兩臂之動作與左勢同。左右交互動作多少自便。（圖三四）

四、回身勢③

左足前則右轉身，右足前則左轉身。轉時以右（左）足為軸，左（右）足向右（左）扣回而前進，右（左）足跟兩臂仍同時動作，以成右（左）勢。

圖33　左勢圖

圖34　右勢圖

第十一節 鷹 形

鷹之為物，性最狠烈，其精在在爪④，其神在目，有攫獲之能，其目能視微物。此形外陽而內陰，在腹能起腎中陽氣升於腦中，在拳則為鷹形，能復純陽之氣。拳順則真精補還於腦，而眼目光明；拳謬則真勁不能貫於四肢，陰火上升，而頭眩眼赤。學者當注意也。

一、路 線

與劈拳同⑤。

二、起 勢

與劈拳同。

三、落 勢⑥

與劈拳同，惟手似鷹捉拿之形，與劈拳有劈物之意者略有不同也。

【注釋】

①左勢：接三體勢，左足向前墊步，兩掌變陽拳靠於臍旁，然後右足向前進一步，左足跟進提靠於右踝關節。同時兩拳向上，至頭上方向左右分開，畫一整圓，收回腰際兩側，拳心均向上，目視左前方。左足向左前方進一步，右足隨跟半步，同時兩拳由腰部直向前錯出，右拳在上，兩拳均為立拳，拳心向外。

②右勢：接左勢，右足斜向前一步，左足向前墊步，以下動作與左勢同。

③回身勢：左足在前則右轉身，右足在前則左轉身，轉以右（左）足為軸，左（右）足回扣，右（左）足提靠左（右）踝關節，兩臂於回身同時向上畫圓，收回腰際。右足向右前方進一步，兩拳錯出，左手在上，要領與左勢相同。

④其精在在爪：原文誤作「其精在在爪」，衍一字，刪。

⑤與劈拳同：見《岳氏意拳五行精義》中編第一章第一節。後同。

⑥落勢：動作與劈拳相近，惟下按的手要掌心回縮，五指合扣，如鷹捉兔。

第十二節 熊 形

熊之為物，性最鈍，而形則最威猛，有豎頂之力。此形在腹能使陰氣下降，還於丹田；在拳則為熊形，能復純陽之氣，與鷹形之氣相接，上升為陽，下降為陰，二形相合，謂之鷹熊合一。

一、路 線

路線與橫拳同①。

二、起 勢②

由三體勢先將左手收回，如劈拳再順胸上鑽，高與肩齊，右拳置臍。同時右足前進一步，足跟對左脛骨，兩足距離與橫拳同，腰挺、頸豎、兩肩垂扣，兩眼注視

圖35　熊形一圖

左拳。此起勢也。（圖三十五）

三、落　勢③

由起勢右手順身往上鑽出，至與左手相遇，再往下按，如鷹捉物狀，臂似曲似伸；左手同時向後回至小腹處，略同劈拳；左足同時前進一步，右足隨進，足尖著地，兩眼注視右手食指。此時，身體似鬆似捆，似開似合。（圖三十六）

圖36　熊形二圖

四、回身勢

右足前則左轉身，左足前則右轉身。如右足在前，以兩足跟作軸，從左向後轉；同時右拳上鑽，左掌變拳置臍④，成起勢再進。

【注釋】

①與橫拳同：見《岳氏意拳五行精義》中編第一章第五節。

②起勢：接三體勢，左掌下落變拳，經腹部、胸部向上鑽，與肩等高，右

拳仰置於臍下。同時右足前進一步，足跟與左踝相對，兩足距離與橫拳同，兩眼注視左拳。

③落勢：右拳經胸部順著左臂內側向上伸，伸到兩拳接近時變翻掌向下按，如鷹捉物狀，左手同時收回小腹處。左足同時前進一大步，右足跟進半步，足尖著地，目視右手食指。要點：右掌下按要與左足進步整齊一致。

④躋：原文誤作「躋」，據文義當為「臍」。

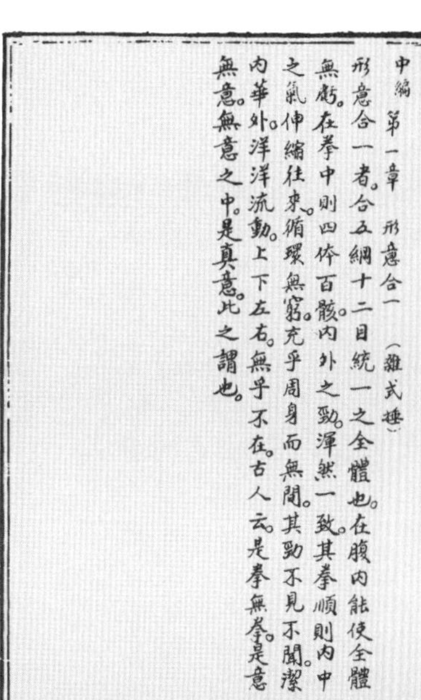

中編

第一章 形意合一（雜式捶）

形意合一者。合五綱十二目統一之全體也。在腹内能使全體無虧。在拳中則四体百骸内外之勁。渾然一致。其拳順則内中之氣伸縮往來。循環無窮。充乎周身而無間。其勁不見不聞。潔内華外。洋洋流動。上下左右。無乎不在。古人云。是拳無拳。是意無意。無意之中。是真意。此之謂也。

第一節 鷂子束翅

由三體勢前進步作鷂子束翅勢要領與作法見本編第一章第七節

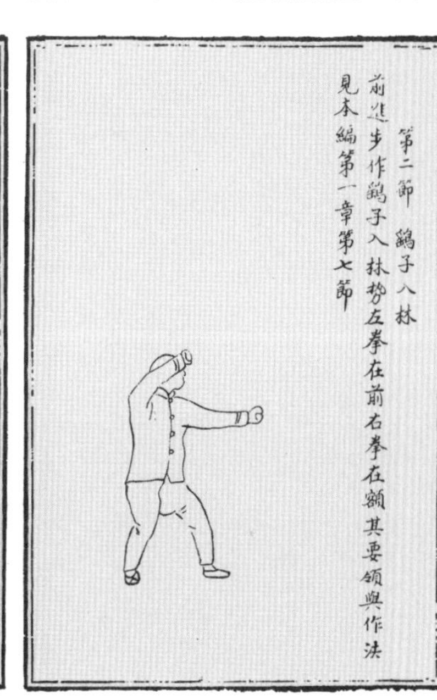

第二節 鷂子入林

前進步作鷂子入林勢左拳在前右拳在額 其要領與作法見本編第一章第七節

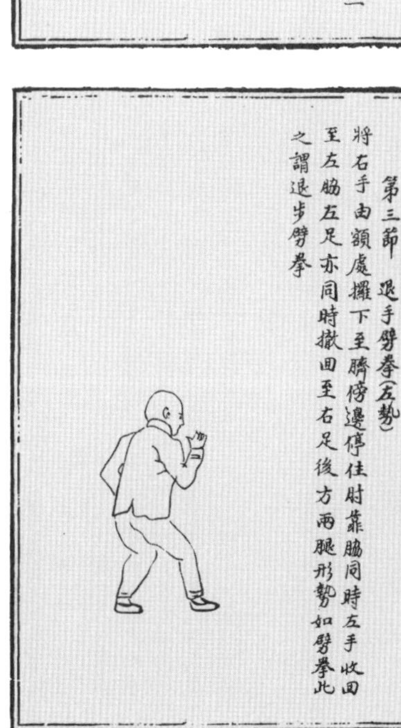

第三節 退手劈拳（左勢）

將右手由額處攤下至臍傍邊停住肘靠脇同時左手收回至左脇左足亦同時撤回至右足後方兩腿形勢如劈拳此之謂退步劈拳

第四節　退步劈拳(右勢)

先將左手鑽至頭之左額處手伸開再往下攞至臍傍邊停住肘靠脇同時右足撤回至左足後仍與左式退步劈拳同左右共作四勢停住

第五節　烏龍倒水

將右手從脇往後下方如畫一圈形從頭正額處順身往下落至臍靠住同時左手由左脇向上鑽至額齊平相離少許再將右臂抬上手心向外手背靠住正額左手順身落下手心向下靠臍身體與面向一致停住此之謂烏龍倒取水

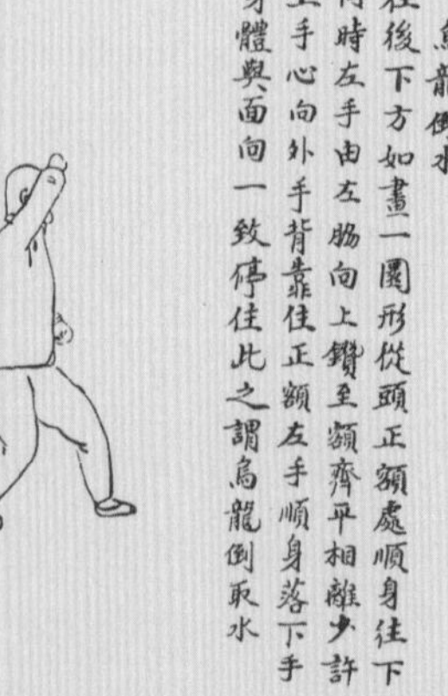

第六節　单展翅

將左足極力向後撤至右足後方落地右足隨撤至左足處右足跟緊對左腿骨同時右手極力往下落至小腹肘與拳緊靠脇腹左拳仍在左脇不動腰極力挺勁右邊小腹委於大腿上身体亦不可太彎向下看時只要鼻與足尖相齊為度身体陰陽相合肩膀扣勁兩目看右手停住再往前看此謂之单展翅

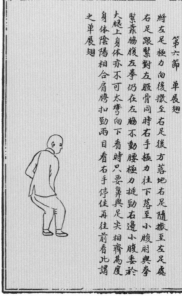

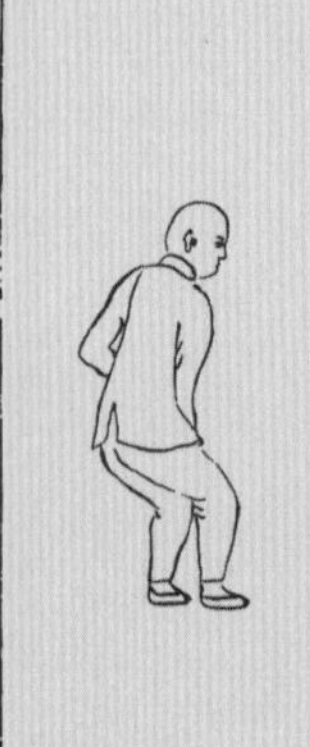

第七節　蟄龍出現

由前勢右足極力向前進步左手與右足同時進出左足隨跟如崩拳身體高低亦與崩拳同此謂之蟄龍出現

第八節　順步崩拳

步法身法出手均與連環之順步崩拳同

第九節　白鶴亮翅

其動作要領與連環之白鶴亮翅同

第十節　炮拳

其動作要領與炮拳同

第十一節　雙展翅

兩手一齊收回至小腹右手握拳手心向上落在左手心中兩肘緊靠脇右足同時向後墊步足尖仍向外斜兩目向前看此謂之雙展翅

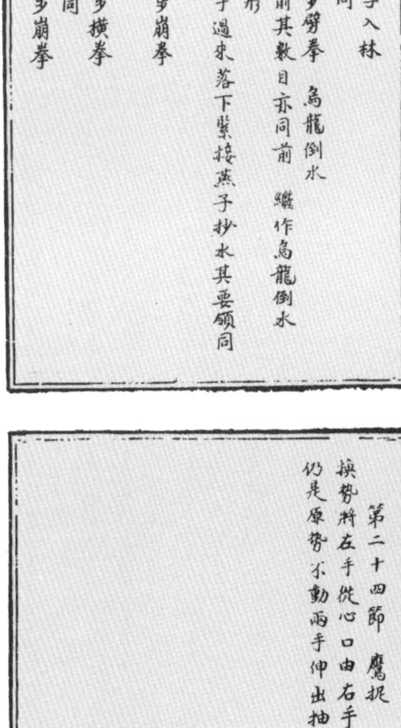

第十二節　鷂子入林

其動作身法均與前同

第十三節　退步劈拳　烏龍倒水

退步劈拳其要領如前其數目亦同前　繼作烏龍倒水

第十四節　燕形

將烏龍倒水之勢右手過來落下緊接燕子抄水其要領同前

第十五節　進步崩拳

其要領同前

第十六節　退步横拳

與連環之退步横拳同

第十七節　順步崩拳

其動作與要領同前

第十八節　白鶴亮翅

第十九節　砲拳

第二十節　雙展翅

第二十一節　鷂子入林

第二十二節　退步劈拳　烏龍倒水

以上數節之動作要領均與前同

第二十三節　青龍探爪

換勢將右手從正額處五指伸開向前極力伸出再换與口平兩足不動兩肩平鬆關抽勁微傳出左手此之謂青龍探爪

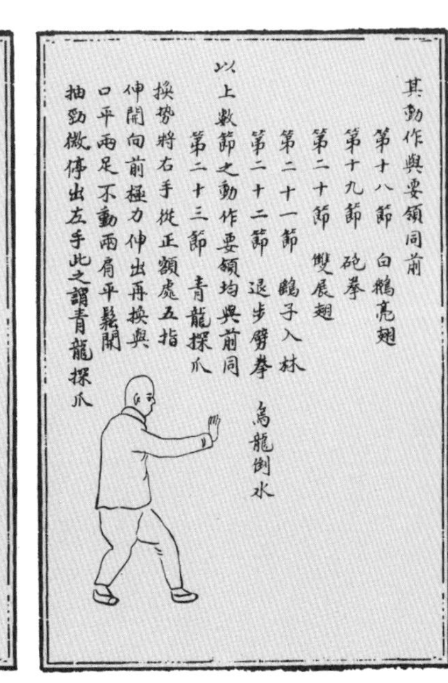

第二十四節　鷹捉

換勢將左手從心口由右手上方伸出右手收回右脇兩足仍是原勢不動兩手伸出抽回與鷹之捉物相同故名鷹捉

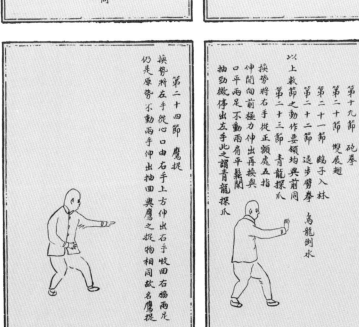

第二十五節 裹手

換勢將左手如連環包裹右手仍在右脇不動其要領準連環之進步鑽拳

第二十六節 推窗望月

換勢將左手腕向外扭勁斜向外上方推去左足亦同時與左手伸出身体向下縮力兩腿如騎馬式左肩根極力鬆開抽動兩目注視左手大指食指中間右手仍在右脇不動此之謂推窗望月

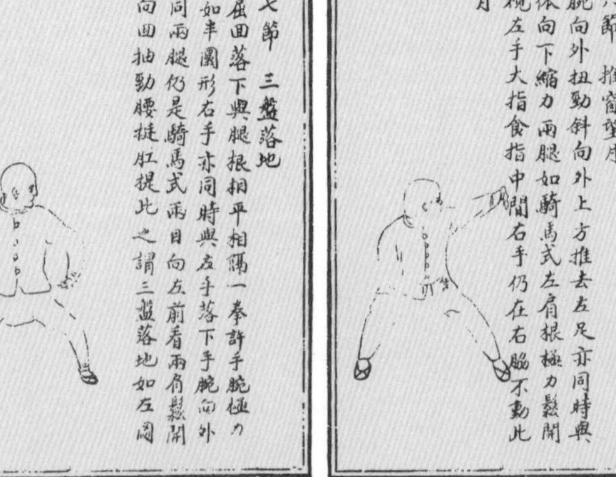

第二十七節 三盤落地

換勢將左手屈回落下與腿根相平相隔一拳許手腕極力向外扭勁臂如半圓形右手亦同時與左手落下手腕向外扭勁兩臂相同兩腿仍是騎馬式兩目向左前看兩肩鬆開向外伸勁復向回抽勁腰挺肛提此之謂三盤落地如左圖

第二十八節 懶龍卧道

由前勢先將左手向前極力撐勁伸出與心口平將手握拳手腕向裏扭勁手心向上復將手如包裹勁裏回至心口臂緊靠脇右手極力同時與左手裏回由左手腕上方伸出手心向上右足亦與右手同時進出兩腿與龍形步法同兩目順右手向前看兩肩極力向下垂勁復向外開勁此謂之懶龍卧道

第二十九節 烏龍翻江

由前勢進步先進左腿與鷂子入林步法同左手由右手下方伸出同時右手收回出手與橫拳畧同兩目注視前拳此之謂烏龍翻江

如上圖

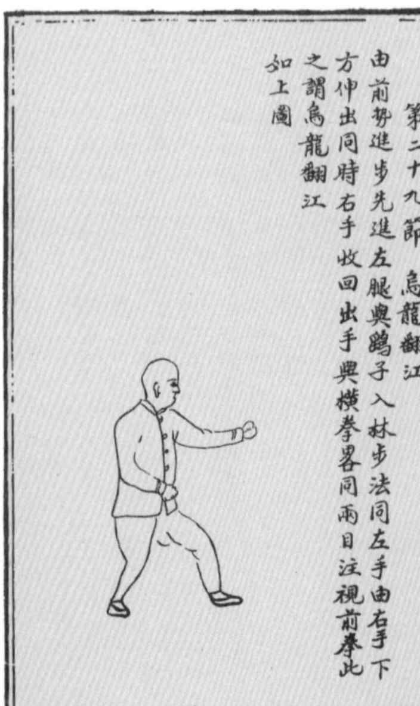

第三十節　崩拳

出右手收左手動作與崩拳同惟兩足仍是勢不動

第三十一節　龍虎相交

右足極力提起往前蹬去如畫半圓形與心口相平左手同時伸出與右足齊此之謂龍虎相交

第三十二節　順步崩拳

由前勢將右足落在前方右手伸出左手收回成順步崩拳勢

第三十三節　白鶴亮翅

第三十四節　炮拳

第三十五節　變展翅

第三十六節　鷂子入林

第三十七節　退步劈拳爲龍倒水

第三十八節　變展翅

第三十九節　蟄龍出現

第四十節　順步崩拳

以上諸勢均與前同

第四十一節　風擺荷葉

將兩手從前方向下落順左邊如畫一圓形由目前向前雙手推出兩掌豎立與肩齊右手極力伸出左手在右肩處右足隨兩手往回進步兩腿成剪子股式兩目隨兩手注視兩肩抽勁此之謂風擺荷葉

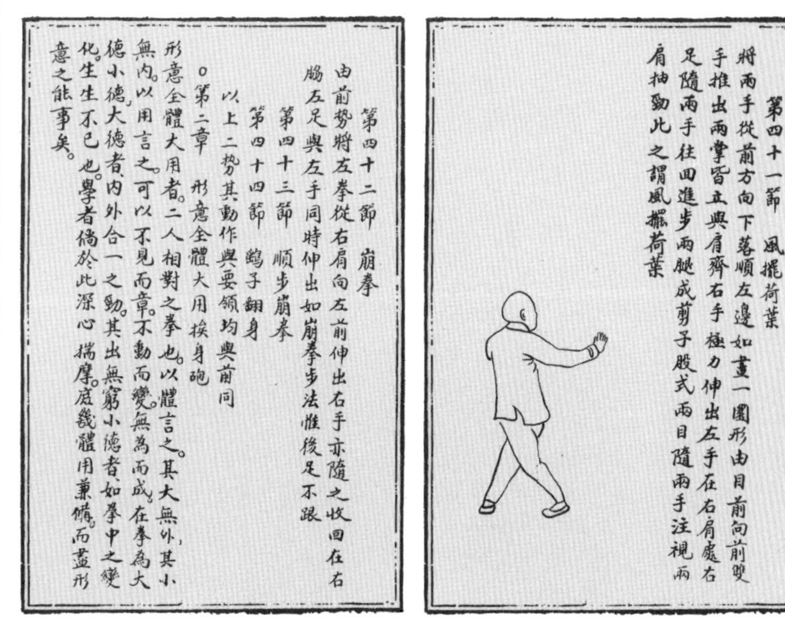

第四十二節　崩拳

由前勢將左拳從右肩向左前伸出右手亦隨之收回在右脇左足與左手同時伸出如崩拳步法惟後足不跟

第四十三節　順步崩拳

第四十四節　鷂子翻身

以上二勢其動作與要領均與前同

○第二章　形意全體大用挨身砲

形意全體大用者。二人相對之拳也。以體言之。其大無外，其小無內。以用言之。可以不見而章。不動而變。無爲而成。在拳爲大德小德，大德者，內外合一之勁。其出無窮。小德者，如拳中之變化。生生不已也。學者倘於此深心揣摩。庶幾體用兼備。而盡形意之能事矣。

第一節

甲乙二人對拳(甲上)(乙下)

甲開勢用三體勢　乙開勢亦用三體勢

甲先以左手排出乙之左手再出右手進步打崩拳

乙速撤右足提左足左腿繄靠右腿同時以左手推開甲之右手復進步還打崩拳

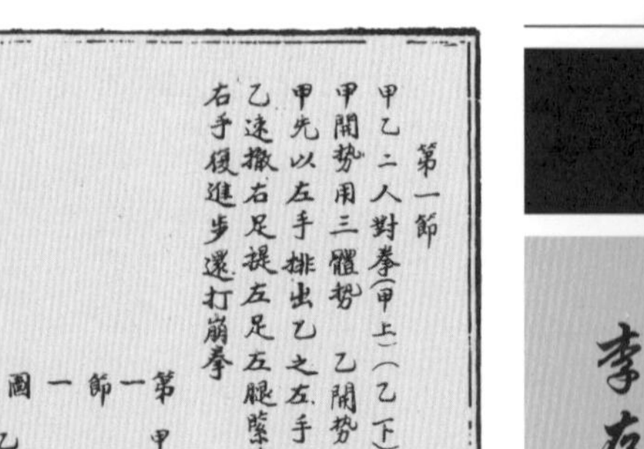

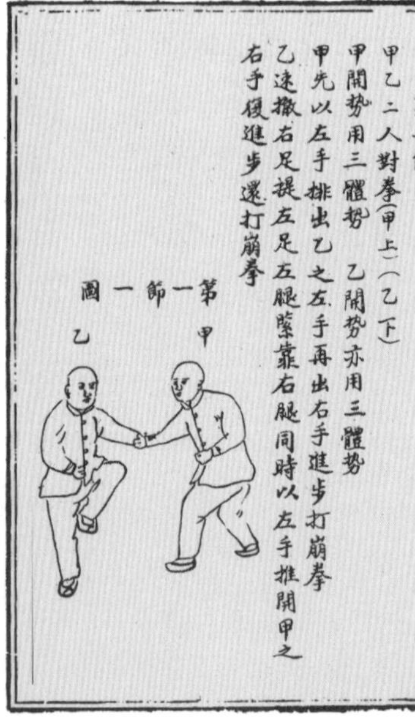

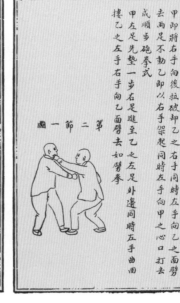

第一節一圖

第一節二圖

第二節

甲即將右手向後拉破卸乙之右手同時左手向乙之面劈去兩足不動乙即以右手架起同時左手向甲之心口打去成順步砲拳式

甲左足先墊一步右足進至乙之左足外邊同時左手曲回摟乙之左手右手向乙面劈去如劈拳

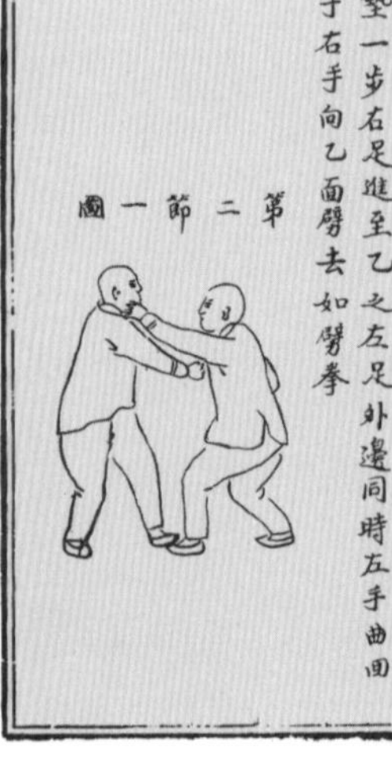

第二節一圖

第二節二圖

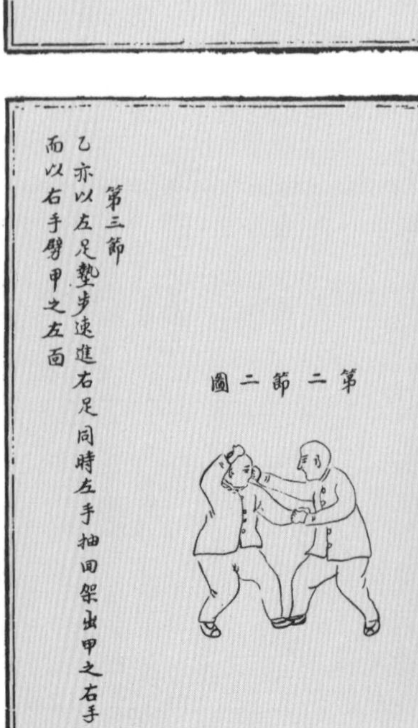

第三節

乙亦以左足墊步速進右足同時左手抽回架出甲之右手而以右手劈甲之左面

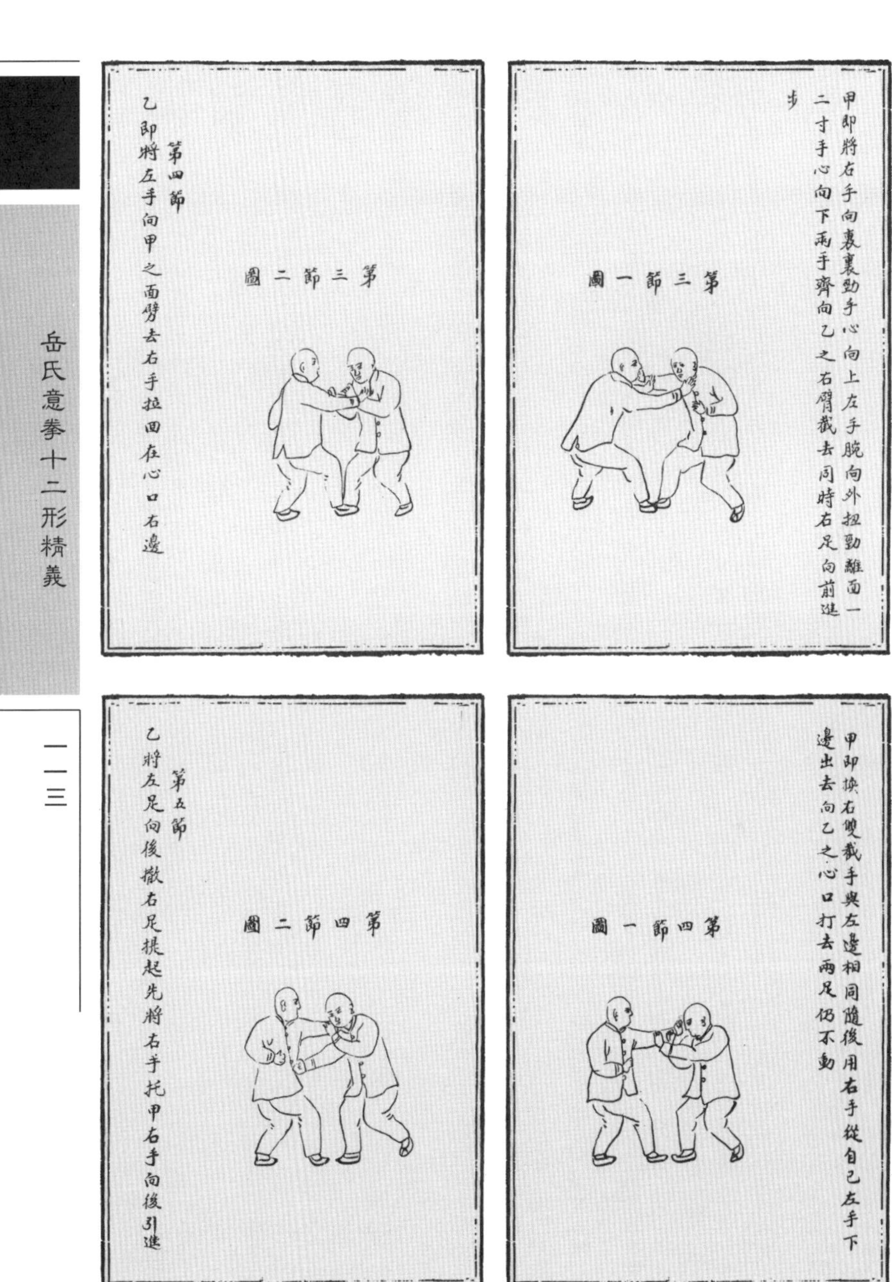

甲即將右手向裏裹勁手心向上左手腕向外扭勁離面一二寸手心向下兩手齊向乙之右臂截去同時右足向前進步

第三節一圖

第四節

乙即將左手向甲之面劈去右手拉回在心口右邊

第三節二圖

甲即換右隻截手與左邊相同隨後用右手從自己左手下邊出去向乙之心口打去兩足仍不動

第四節一圖

第五節

乙將左足向後撤右足提起先將右手托甲右手向後引進

第四節二圖

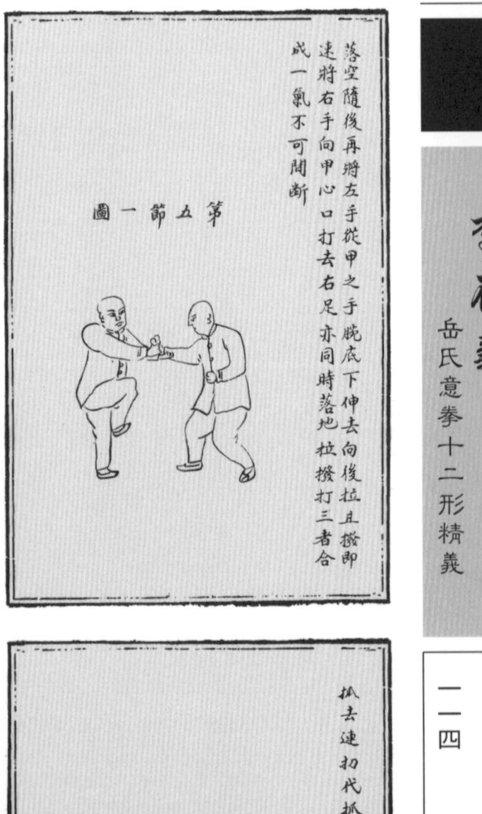
落空隨後再將左手從甲之手腕底下伸去向後拉且撥即速將右手向甲心口打去右足亦同時落地拉撥打三者合成一氣不可間斷

第五節一圖

甲即向下坐腰右手在乙之右手上邊往回扣如扣物然左

第五節二圖

扣去速扣代抓務須合成一氣為要

第五節三圖

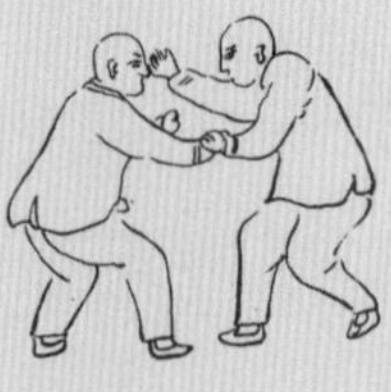

第六節

乙即屈回右手向甲之右手鑽去左手拉至心口處身式要低

甲速用左臂將乙右臂挑起右手抽回再向乙心口打去左足右手須同時動作與砲拳式同

第六節一圖

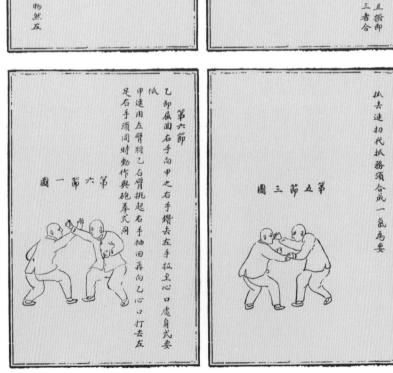

第六節二圖

第七節

乙即換退步劈拳用左手將甲之右手扣住右手抽回在心口處手心向下

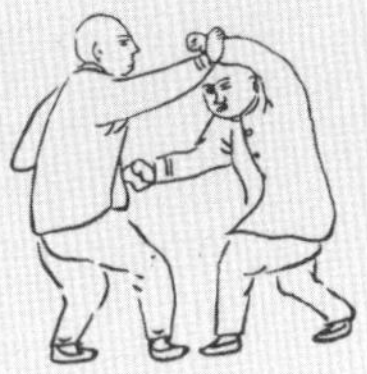

第七節一圖

甲即用左手將乙之左手摟開右手向乙之左面用手背打去同時右足進步

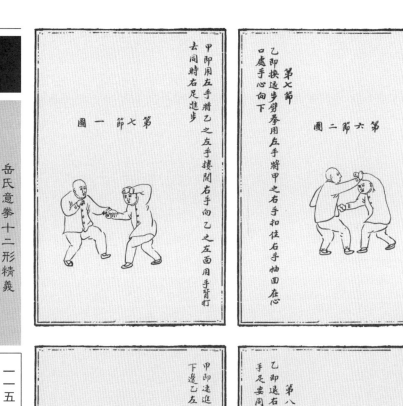

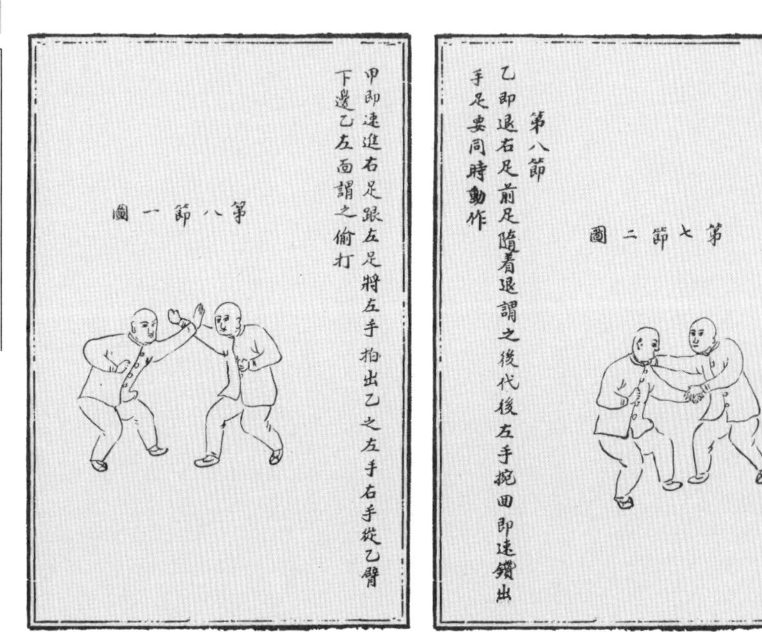

第七節二圖

第八節

乙即退右足前足隨着退謂之後代後左手挽回即速鑽出手足要同時動作

第八節一圖

甲即速進右足跟左足將左手拍出乙之左手右手從乙臂下邊乙左面謂之偷打

第八節第二圖

第九節

乙即進右足向甲之兩腿當中落下先以右手拍出甲之右手左手向自己之手前頭伸向外撥甲之右臂右手反打甲之右面同時右足前進

第九節第一圖

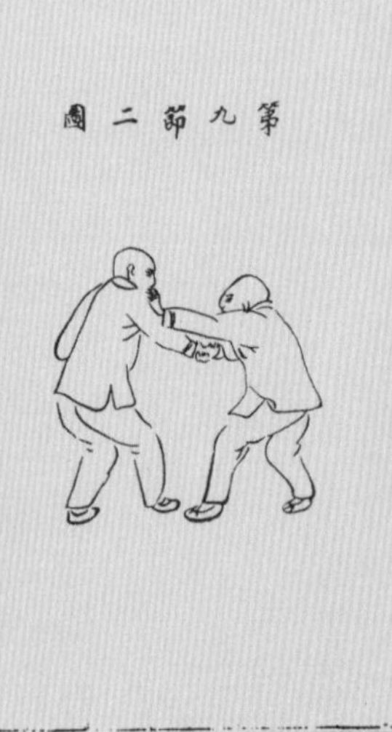

第九節第二圖

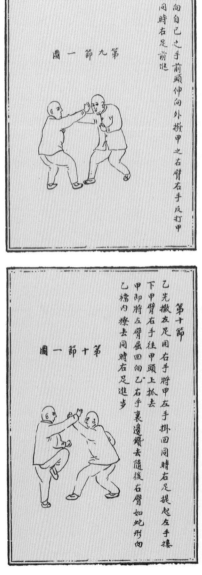

甲即將右手屈回向乙右臂外邊鑽出右足速往後撤右手再向回拉乙右臂左手劈乙右面同時左足前進

第十節

乙先撤左足用右手將甲左手掛回同時右足提起左手摟下甲臂右手往甲頭上抓去

甲即將左臂屈回向乙右手裏邊鑽去隨後右臂如蛇形向乙襠內撩去同時右足進步

第十節第一圖

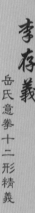

第十節二圖

甲　乙

乙為十一節一圖

第十一節

乙即往後撤右足再用右手將甲右手順着擄下左手速向甲之脖項伸去與右手同時向後按着勁拉

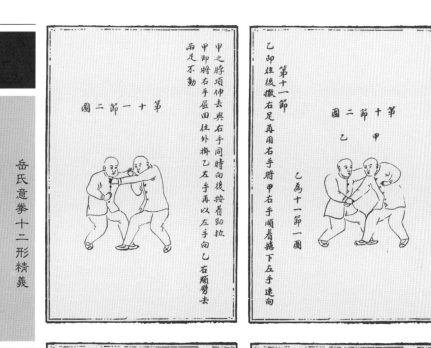

甲即將右手屈回往外掛乙左手再以左手向乙右頰劈去

兩足不動

第十一節二圖

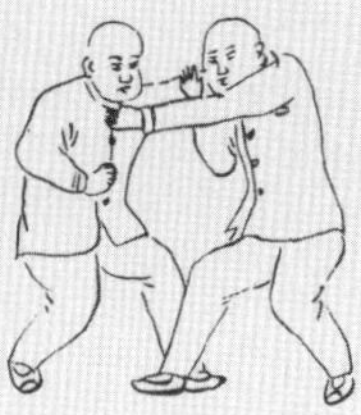

第十二節

乙即將左臂抽回在脇右手即速向甲左手裏邊鑽去兩足不動

甲即抽回左手在脇右手向乙左頰劈去兩足不動

第十二節一圖

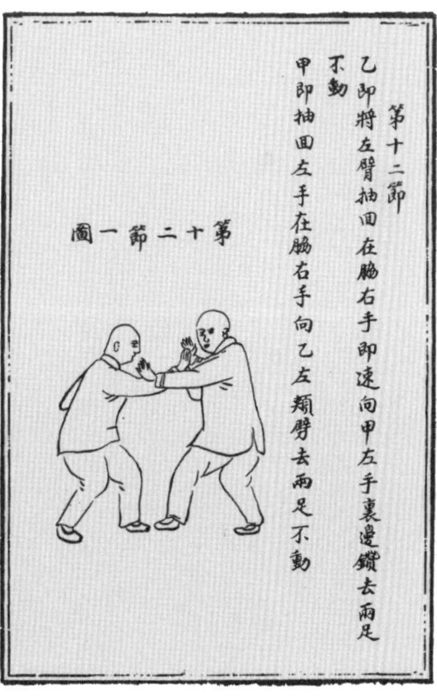

第十三節

乙即將右手拍去甲之右手隨後左手向甲右脇打去身体

第十二節二圖

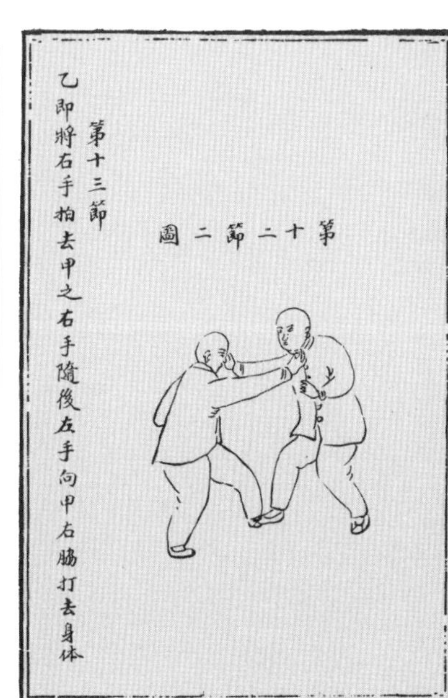

換騎馬式

甲即坐腰兩足仍不動隨即兩手用猴子扣繩式一二三用右手抓去

第十三節一圖

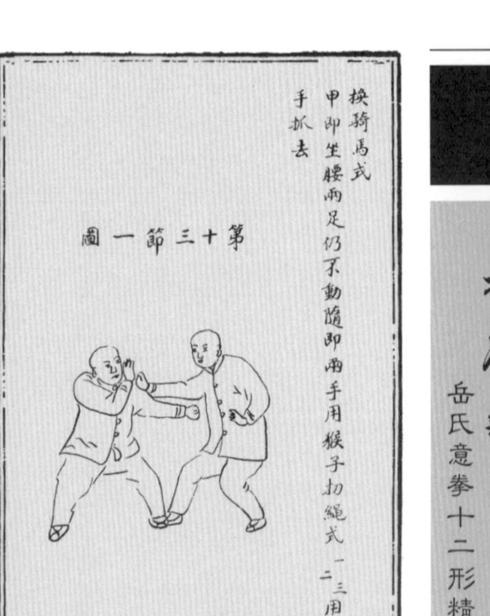

第十三節二圖

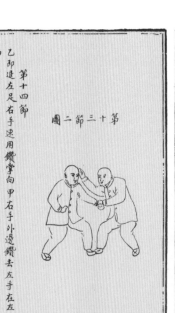

第十四節

乙即退左足右手速用鑽掌向甲右手外邊鑽去左手在左脇

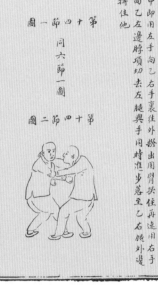

甲即用左手向乙右手裏往外撥出用臂扶住再速用右手向乙左邊脖項切去左腿與手同時進步落至乙右腿外邊摔住他

第十四節一圖

同六節一圖

第十四節二圖

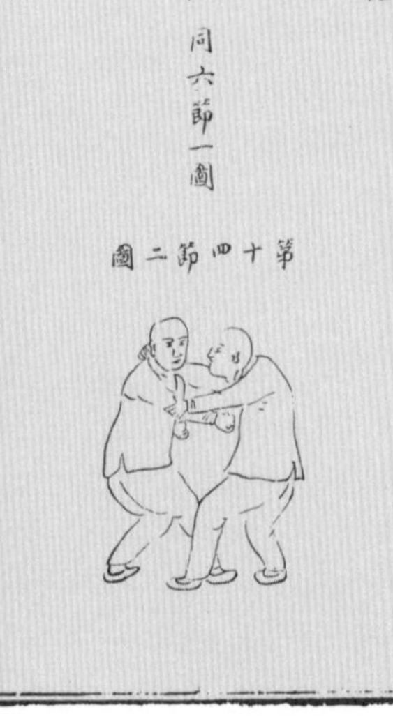

第十五節

乙即用變截拳將甲右手截開兩足不動

甲即將右手抽回隨後用左手劈乙右頰兩足仍不動

第十五節一圖

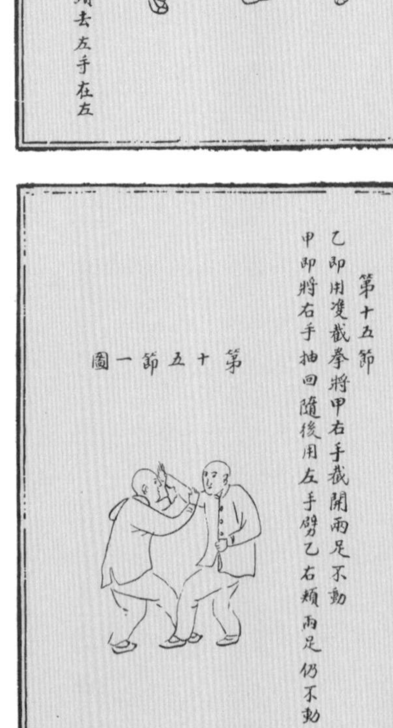

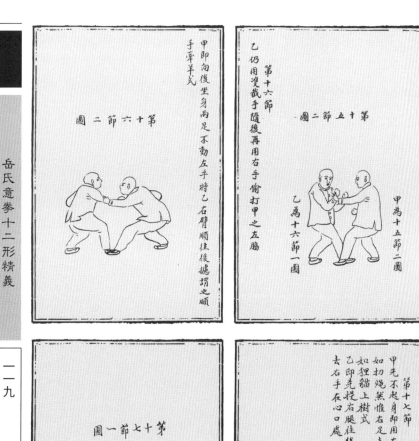

第十五節二圖

甲為十五節二圖

乙為十六節一圖

第十六節

乙仍用浚截手隨後再用右手偷打甲之左脇

甲即向後坐身兩足不動左手將乙右臂順往後擄謂之順手牽羊式

第十六節二圖

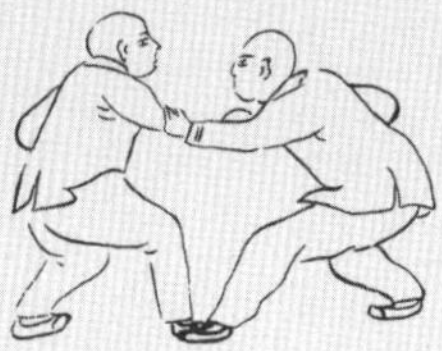

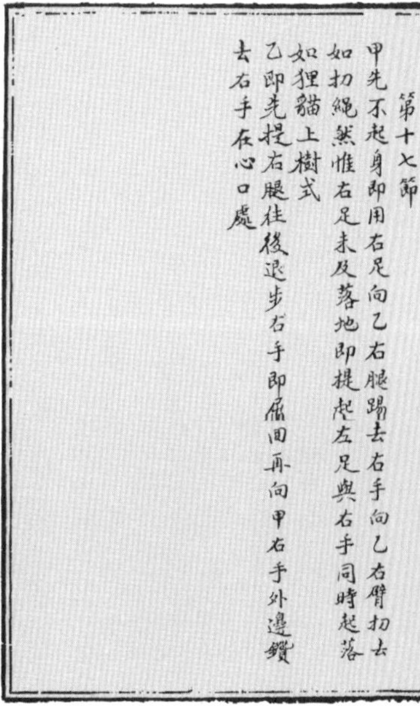

第十七節

甲先不起身即用右足向乙右腿踢去右手向乙右臂扣去如扣繩然惟右足未及落地即提起左足與右手同時起落如狸貓上樹式

乙即先提右腿往後退步右手即屈回再向甲右手外邊鑽去右手在心口處

第十七節一圖

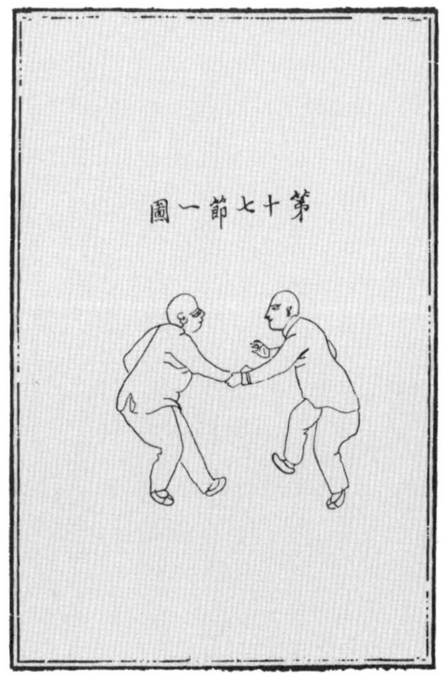

第十七節二圖

第十八節

甲即用左手挑起乙之右臂右手抽回再向乙左頰劈去兩足仍不動

第十八節一圖

乙速抽回右手在右脇處左手向甲右肩抓去謂之鷂子抓肩式

第十九節

甲先用右手向乙左手腕往外摟左手緊跟乙左手腕上邊往外推右手隨後向乙左頰劈去亦是一二三一氣兩足不動

乙即將左臂屈回再向甲右手裏邊鑽去隨後往回掛右手向甲左頰劈去兩足仍不動

第十九節一圖

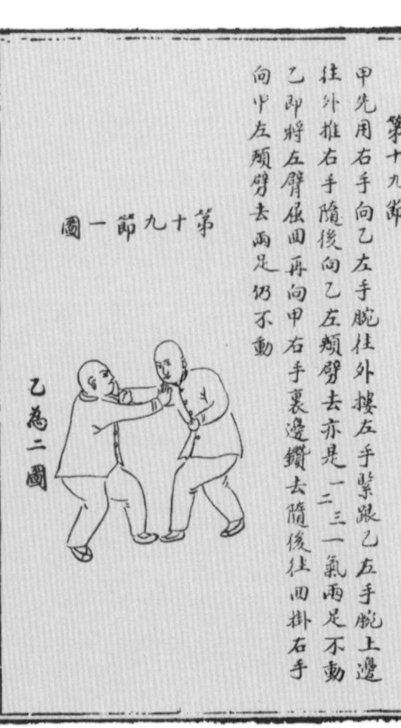

乙為二圖

第二十節

甲即用單斬手截去乙之右手兩足不動

乙將右手抽回再用左手向甲左頰劈去兩足仍不動

第二十節一圖

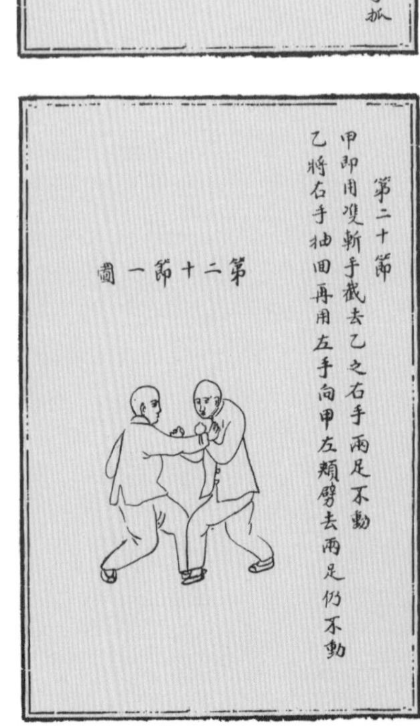

第二十一節

甲再用雙斬手截去乙之左手

甲復用右手偷打仍與前雙斬手偷打同此右手打出如起点打崩拳式

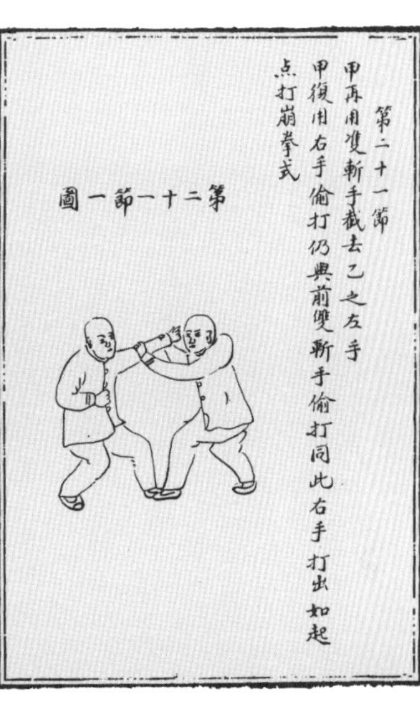

第二十一節一圖

第二十二節

乙再退右足提左足用左手將甲右手向外推右手即速用崩拳向甲之腹打去此與甲起点還打之頭一手同再往回

第二十一節二圖

打仍是乙為甲已來之式甲為乙已來之式循環往來不窮若欲休息仍還起点處停住自便休息

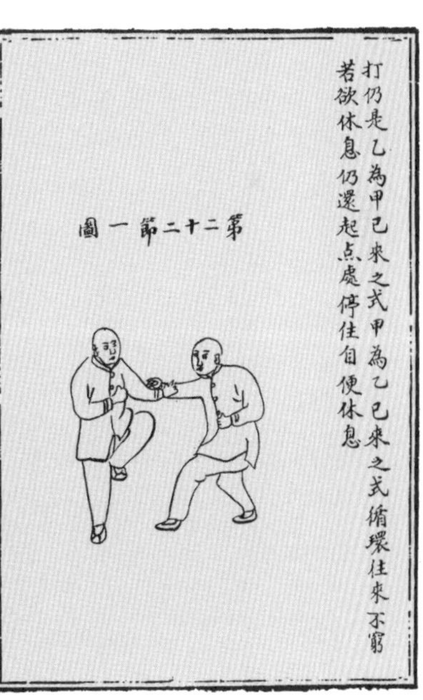

第二十二節一圖

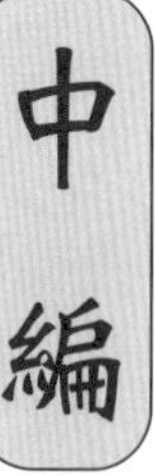

中編

第一章　形意合一（雜式捶）

形意合一者，合五綱十二目①統一之全體也。在腹內能使全體無虧，在拳中則四體百骸、內外之勁渾然一致。

其拳順則內中之氣伸縮往來，循環無窮，充乎周身而無間。其勁不見不聞，潔內華外，洋洋流動，上下左右，無乎不在。古人云：是拳無拳，是意無意，無意之中是真意。此之謂也。

【注釋】

①五綱十二目：在此指五行拳和十二形拳。

第一節　鷂子束翅

由三體勢前進步作鷂子束翅勢，要領與作法見本編第一章第七節。（圖三十七）

第二節　鷂子入林

前進步作鷂子入林勢，左拳在前，右拳在額，其要領與作法見本編第一章第七節。（圖三十八）

圖37　鷂子束翅圖

圖38　鷂子入林圖

第三節　退手劈拳①（左勢）

將右手由額處捋下至臍傍②邊停住，肘靠脇，同時左手收回至左脇，左足亦同時撤回至右足後方，兩腿形勢如劈拳，此之謂退步劈拳。（圖三十九）

圖39　退步劈拳(左勢)圖

【注釋】

①退手劈拳：原文誤作「退手劈拳」，據文義當為「退步劈拳」。右拳由上落於右腰側，隨即變掌向右臉部摟去，掌心向左。同時身體速向左轉，左足向後退一步，重心偏於左腿，左手收回左腰側。

②傍：原文誤作「傍」，據文義當為「旁」。後同。

第四節 退步劈拳（右勢）

先將左手鑽至頭之左額處，手伸開再往下捋至臍傍邊停住，肘靠脇。同時，右足撤回至左足後，仍與左式退步劈拳同。左右共作四勢停住。（圖四十）

圖40　退步劈拳(右勢)圖

第五節 烏龍倒水①

將右手從脇往後下方，如畫一圓形，從頭正額處順身往下落，至臍靠住。同時，左手由左脇向上鑽至額齊平，相離少許。再將右臂抬上，手心向外，手背靠住正額，左手順身落下，手心向下靠臍，身體與面向一致停住。此之謂烏

龍倒取水。（圖四十一）

【注釋】

①烏龍倒水：此節要點，左拳下落、右拳上架與重心後移要動作一致。

第六節　單展翅①

將左足極力向後撤至右足後方落地，右足隨撤至左足處，右足跟緊對左脛骨。同時，右手極力往下落至小腹，肘與拳緊靠脇腹。左拳仍在左脇不動，腰極力挺勁，右邊小腹委於大腿上，身體亦不可太彎。向下看時，

圖41　烏龍倒水圖

圖42　單展翅圖

只要鼻與足尖相齊為度，身體陰陽相合，肩胯扣勁，兩目看右手，停住再往前看。此謂之單展翅。（圖四十二）

【注釋】

①單展翅：此節要點，右拳下砸要與右足後撤動作同步，速度要快，撤右足時胯要盡力向後縮，身體前傾，兩眼看右手，隨即向前看，頭要頂，肩要沉，兩臂要貼緊腹側。

第七節　蟄龍出現

由前勢，右足極力向前進步，左手與右足同時進出，左足隨跟如崩拳，身體高低亦與崩拳同。此謂之蟄龍出現。（圖四十三）

圖43　蟄龍出現圖

第八節　順步崩拳

步法身法出手均與連環之順步崩拳同①。

第九節　白鵝亮翅

其動作要領與連環之白鵝亮翅同②。

第十節　炮　拳

其動作要領與炮拳同③。

第十一節　雙展翅④

兩手一齊收回至小腹，右手握拳，手心向上落在左手心中，兩肘緊靠脅，右足同時向後墊步，足尖仍向外斜，兩目向前看。此謂之雙展翅。（圖四十四）

圖44　雙展翅圖

【注釋】

①見《岳氏意拳五行精義》中編第三章第五節。

②見《岳氏意拳五行精義》中編第三章第六節。

③見《岳氏意拳五行精義》中編第一章第四節。

④雙展翅：此節要點，兩拳下砸要與右足收回動作同步。

第十二節　鷂子入林

其動作身法均與前同①。

第十三節　退步劈拳　烏龍倒水

退步劈拳其要領如前，其數目亦同前②。繼作烏龍倒水。

第十四節　燕　形

將烏龍倒水之勢右手過來落下，緊接燕子抄水，其要領同前③。

第十五節　進步崩拳

其要領同前④。

第十六節　退步橫拳

與連環之退步橫拳同⑤。

第十七節　順步崩拳

其動作與要領同前⑥。

【注釋】

①見本章第七節。

②見本章第四節。

③見《岳氏意拳十二形精義》上編第一章第八節。

④見《岳氏意拳五行精義》中編第三章第三節。

⑤見《岳氏意拳五行精義》第四節退步崩拳。據其他版本此節名為「退步橫拳」，存疑。

⑥見《岳氏意拳五行精義》第五節。

第十八節　白鵝亮翅　　第十九節　炮拳

第二十節　雙展翅

第二十一節　鷂子入林

第二十二節　退步劈拳　烏龍倒水

以上數節之動作要領均與前同①。

第二十三節　青龍探爪

換勢將右手從正額處五指伸開，向前極力伸出，再換與口平，兩足不動，兩肩平鬆開抽勁微停出左手。此之謂青龍探爪。（圖四十五）

第二十四節　鷹捉

換勢將左手從心口由右手上方伸出，右手收回右脇，兩足仍是原勢不動，兩手伸出抽回與鷹之捉物相同，故名鷹捉。（圖四十六）

圖45　青龍探爪圖

圖46　鷹捉圖

第二十五節　裹　手

換勢將左手如連環包裹，右手仍在右脇不動，其要領準連環之進步鑽拳。

第二十六節　推窗望月②

換勢將左手腕向外扭勁，斜向外上方推去。左足亦同時與左手伸出，身體向下縮力，兩腿如騎馬式。左肩根極力鬆開抽勁，兩目注視左手大指食指中間，右手仍在右脇不動。此之謂推窗望月。（圖四十七）

圖47　推窗望月圖

第二十七節　三盤落地③

換勢將左手屈回落下，與腿根相平，相隔一拳許，手腕極力向外扭勁，臂如半圓形。右手亦同時與左手落下，手腕向外扭勁，兩臂相同，兩腿仍是騎馬式。兩目向左前看。兩肩鬆開向外伸勁，復向回抽勁，腰挺肛提。此之謂三盤落地。如下圖（圖四十八）。

圖48　三盤落地圖

【注釋】

①見本章同名節。

②推窗望月：此節要點，動作要連貫，左足橫進要貼近地面，足和上肢動作要同時到位，周身用勁要完整一氣。

③三盤落地：此節要點，兩臂要撐圓，肩要沉，腰要塌，胯要縮。

第二十八節　懶龍臥道①

由前勢先將左手向前極力撐勁，伸出與心口平，將手握拳，手腕向裡扭勁，手心向上，復將手如包裹勁裹回至心口，臂緊靠脇。右手極力同時與左手裹回，由左手腕上方伸出，手心向上。右足亦與右手同時進出，兩腿與龍形步法同。兩目順右手向前看，兩肩極力向下垂勁，復向外開勁。此謂之懶龍臥道。（圖四十九）

圖49　懶龍臥道圖

第二十九節　烏龍翻江

由前勢進步，先進左腿，與鷂子入林步法同。左手由右手下方伸出，同時右手收回，出手與橫拳略同。兩目注視前拳。此之謂烏龍翻江。如上②圖（圖五十）。

圖50　烏龍翻江圖

【注釋】

①懶龍臥道：此節要點，右拳向左下方插時要貼近身體，左膝要頂住右膝窩，重心要穩。

②上：原文「上」字誤，當為「下」。

第三十節　崩拳

出右手收左手，動作與崩拳同，惟兩足仍是勢不動。（圖五十一）

第三十一節　龍虎相交

右足極力提起，往前蹬去，如畫半圓形，與心口相平。左手同時伸出與右足齊。此之謂龍虎相交。

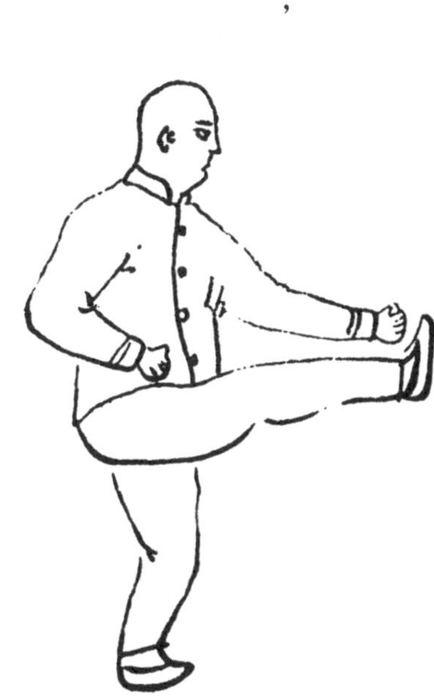
圖51　崩拳圖

第三十二節　順步崩拳

由前勢將右足落在前方，右手伸出，左手收回，成順步崩拳勢。

第三十三節　白鵝亮翅

第三十四節　炮　拳

第三十五節　雙展翅

第三十六節　鷂子入林

第三十七節　退步劈拳　烏龍倒水

第三十八節　雙展翅

第三十九節　蟄龍出現

第 四 十 節　順步崩拳

以上諸勢均與前同①。

第四十一節　風擺荷葉②

將兩手從前方向下落，順左邊如畫一圓形，由目前向前雙手推出，兩掌皆立與肩齊，右手極力伸出，左手在右肩處，右足隨兩手往回進步，兩腿成剪子股式。兩目隨兩手注視，兩肩抽勁。此之謂風擺荷葉。（圖五十二）

圖52　風擺荷葉圖

第四十二節　崩　拳

由前勢將左拳從右肩向左前伸出，右手亦隨之收回在右脇，左足與左手同時伸出，如崩拳步法，惟後足不跟。

第四十三節　順步崩拳

第四十四節　鷂子翻身

以上二勢其動作與要領均與前同③。

【注釋】

①見本章同名節。

②風擺荷葉：此節要點，兩臂轉動要畫一立圓，推出時要用腰帶動臂手，兩掌右擺後推要與右足向左足前方蓋步同步。

③見本章同名節。

第二章　形意全體大用（挨身炮）

形意全體大用者，二人相對之拳也。以體言之，其大無外，其小無內；以用言之，可以不見而章，不動而變，無為而成。在拳為大德小德。大德者，內外合一之勁，其出無窮；小德者，如拳中之變化，生生不已也。學者倘於此深心揣摩，庶幾體用兼備，而盡形意之能事矣。

第一節

甲乙二人對拳（甲上）（乙下）。

甲開勢用三體勢，乙開勢亦用三體勢。

甲先以左手排出乙之左手，再出右手進步打崩拳。

乙速撤右足，提左足，左腿緊靠右腿；同時以左手推開甲之右手，復進步還打崩拳。（圖五十三、圖五十四）

乙　甲

圖53　第一節一圖

圖54　第一節二圖

第二節

甲即將右手向後拉，破卻乙之右手；同時左手向乙之面劈去，兩足不動。乙即以右手架起，同時左手向甲之心口打去，成順步炮拳式。（圖五十五）

甲左足先墊一步，右足進至乙之左足外邊；同時，左手曲回摟乙之左手，右手向乙面劈去，如劈拳。（圖五十六）

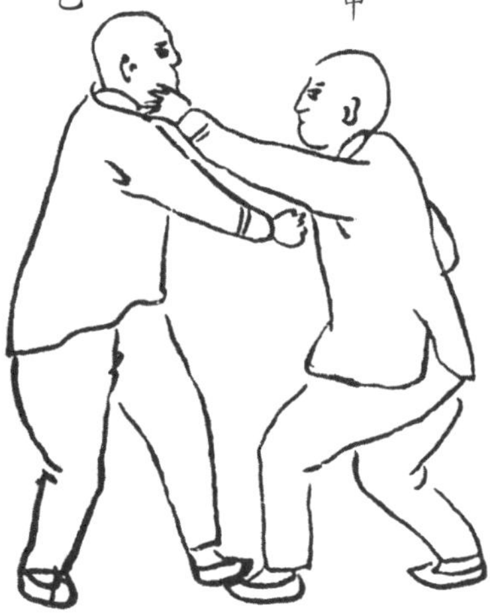

圖55　第二節一圖

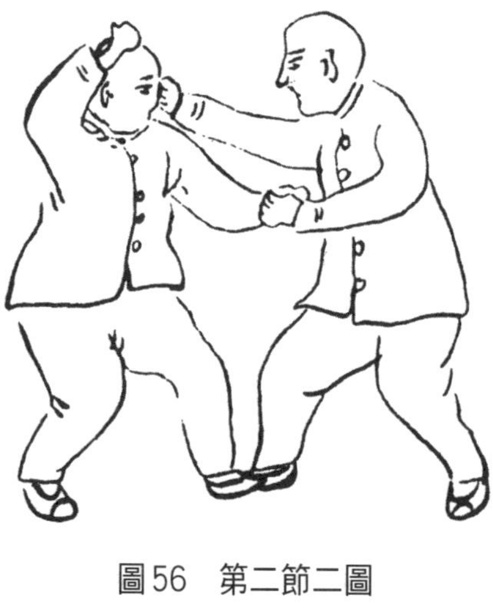

圖56　第二節二圖

第三節

乙亦以左足墊步，速進右足，同時左手抽回，架出甲之右手，而以右手劈甲之左面。（圖五十七）

甲即將右手向裏裹勁，手心向上，左手腕向外扭勁，離面一二寸，手心向下，兩手齊向乙之右臂截去。同時，右足向前進步。（圖五十八）

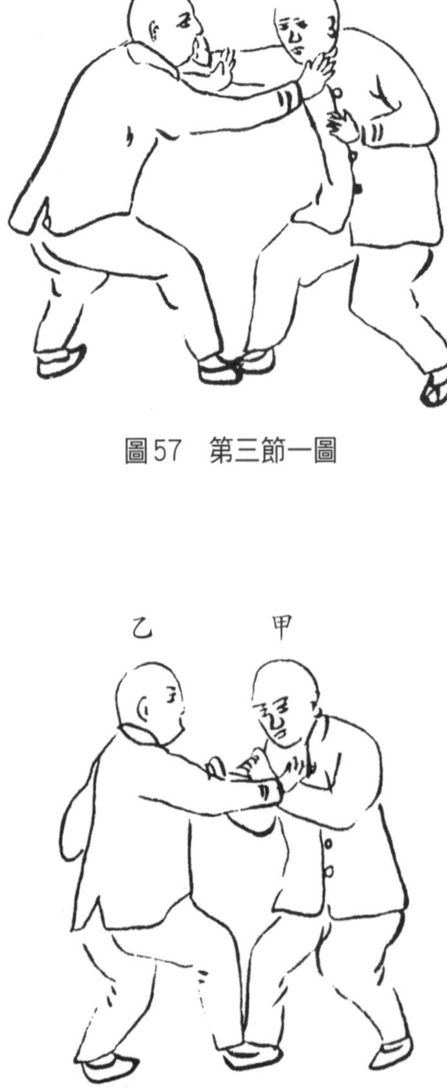

圖57　第三節一圖

圖58　第三節二圖

第四節

乙即將左手向甲之面劈去，右手拉回在心口右邊。（圖五十九）甲即換右雙截手，與左邊相同，隨後用右手從自己左手下邊出去，向乙之心口打去，兩足仍不動。（圖六十）

乙　甲

圖59　第四節一圖

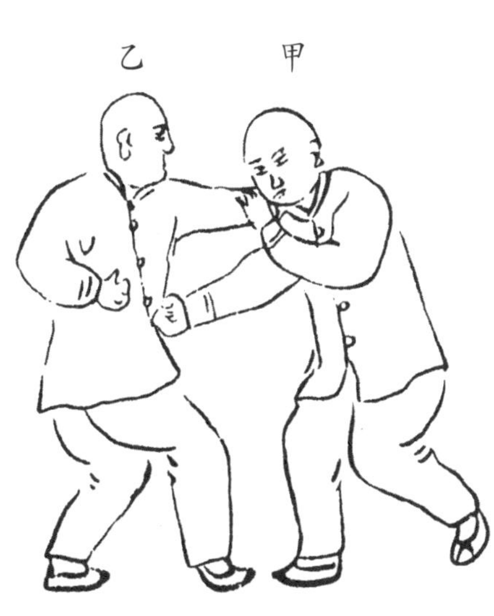

圖60　第四節二圖

第五節

乙將左足向後撤，右足提起，先將右手托甲右手向後引進落空，隨後再將左手從甲之手腕底下伸去，向後拉且撥，即速將右手向甲心口打去，右足亦同時落地，拉、撥、打三者合成一氣，不可間斷。（圖六十一、圖六十二）

甲即向下坐腰，右手在乙之右手上邊往回扨①，如物然，左抓去連扨代抓，務須合成一氣為要。（圖六十三）

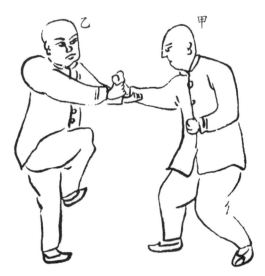

圖61　第五節一圖

圖62　第五節二圖

圖63　第五節三圖

【注釋】

①扨：抓、撓之意。保定本作「撓」。

第六節

乙即屈回右手，向甲之右手鑽去，左手拉至心口處，身式要低。（圖六十四）

甲速用左臂將乙右臂挑起，右手抽回再向乙心口打去。左足右手須同時動作，與炮拳式同。（圖六十五）

第七節

乙即換退步劈拳，用左手將甲之右手扣住，右手抽回在心口處，手心向

圖64　第六節一圖

下。（圖六十六）

甲即用左手將乙之左手摟開，右手向乙之左面用手背打去，同時右足進

步。（圖六十七）

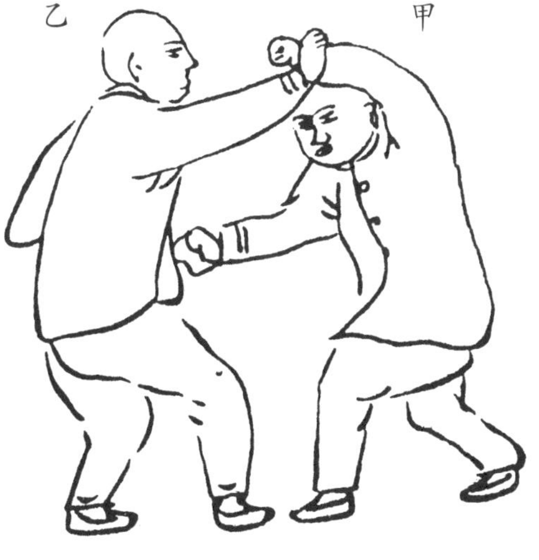

圖65　第六節二圖

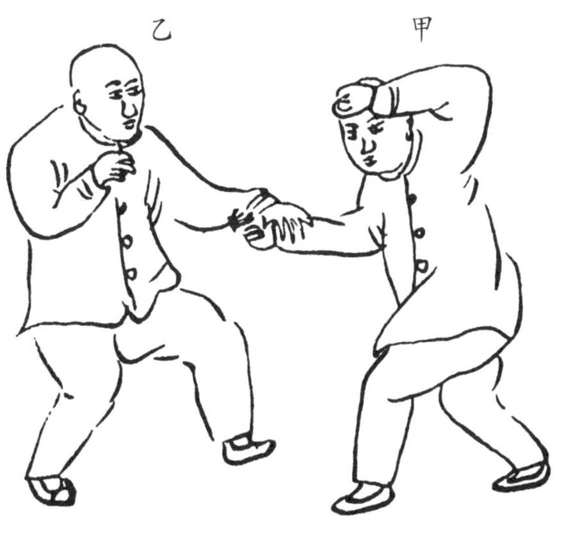

圖66　第七節一圖

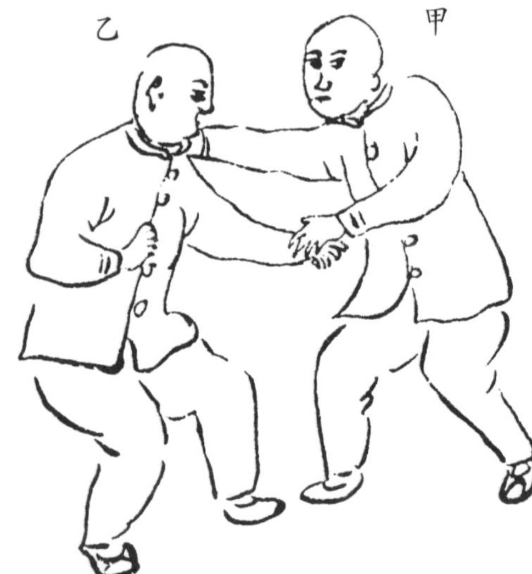

圖67　第七節二圖

圖68　第八節一圖

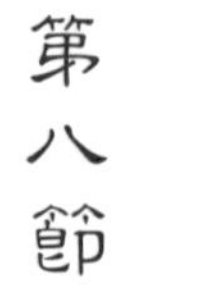

第八節

乙即退右足，前足隨著退，謂之後代後。左手捥回，即速鑽出。手足要同時動作。（圖六十八）

甲即速進右足，跟左足，將左手拍出乙之左手，右手從乙臂下邊乙左面①，謂之偷打。（圖六十九）

【注釋】

①右手從乙臂下邊乙左面：原文少一字，據保定本當為「右手從乙臂下邊劈乙左面」。

第九節

乙即進右足，向甲之兩腿當中落下，先以右手拍出甲之右手，左手向自己之手前頭伸，向外撥甲之右臂，右手

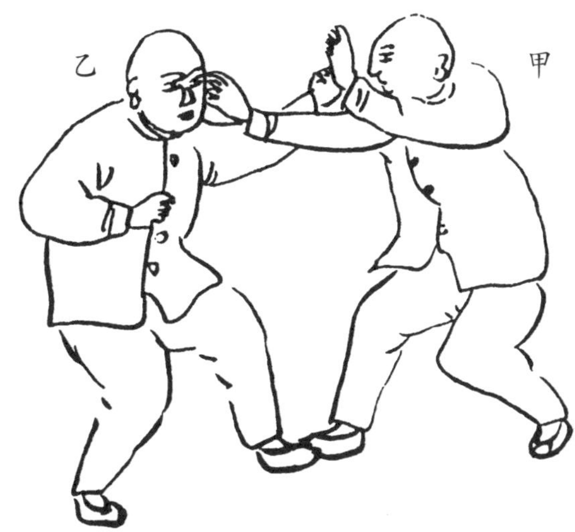

圖69　第八節二圖

反打甲之右面。同時右足前進。（圖七十）

甲即將右手屈回，向乙右臂外邊鑽出，右足速往後撤，右手再向回拉乙右臂，左手劈乙右面。同時左足前進。（圖七十一）

圖70　第九節一圖

圖71　第九節二圖

第十節

乙先撤左足，用右手將甲左手掛回，同時右足提起，左手摟下甲臂，右手往甲頭上抓去。（圖七十二）

甲即將左臂屈回，向乙右手裏邊鑽去，隨後右臂如蛇形向乙襠內撩去。同時右足進步。（圖七十三）

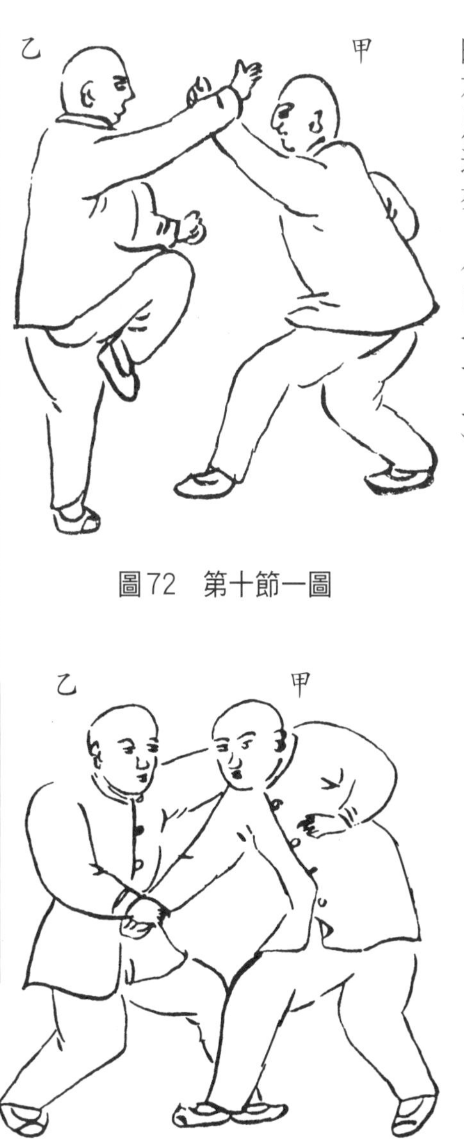

圖72　第十節一圖

圖73　第十節二圖

乙為十一節一圖

第十一節

乙即往後撤右足，再用右手將甲右手順著攄①下，左手速向甲之脖項伸去，與右手同時向後按著勁拉。（圖七十三）

甲即將右手屈回往外掛乙左手，再以左手向乙右頰劈去，兩足不動。（圖七十四）

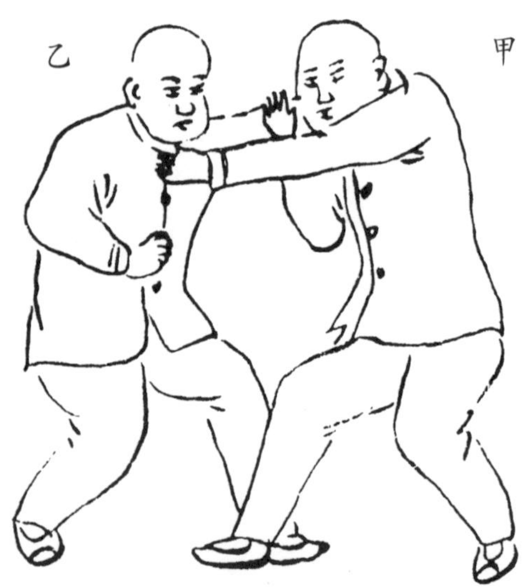

圖74　第十一節二圖

【注釋】

①攄：音ㄕㄨ，義同「捋」。後同。

第十二節

乙即將左臂抽回在脇，右手即速向甲左手裡邊鑽去，兩足不動。（圖七十五）

甲即抽回左手在脇，右手向乙左頰劈去，兩足不動。（圖七十六）

圖75　第十二節一圖

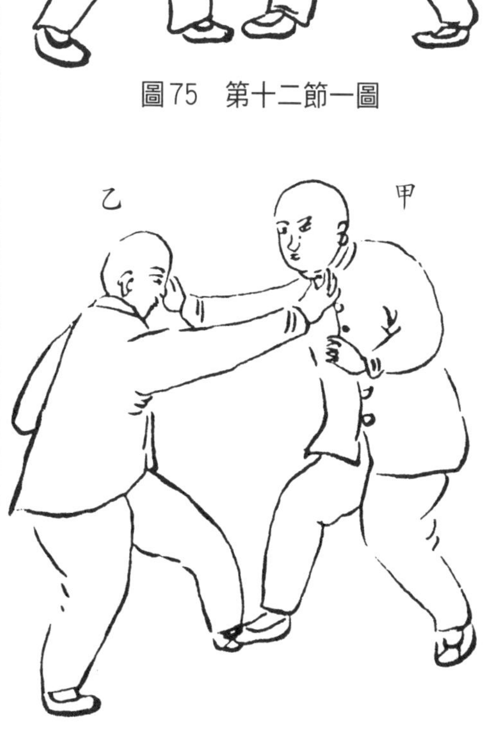

圖76　第十二節二圖

第十三節

乙即將右手拍去甲之右手，隨後左手向甲右脇打去，身體換騎馬式。（圖七十七）

甲即坐腰，兩足仍不動，隨即兩手用猴子扨繩式，一二三用右手抓去。（圖七十八）

第十四節

乙即退左足，右手速用鑽掌向甲

圖77　第十三節一圖

右手外邊鑽去，左手在左脇。（圖七十九）

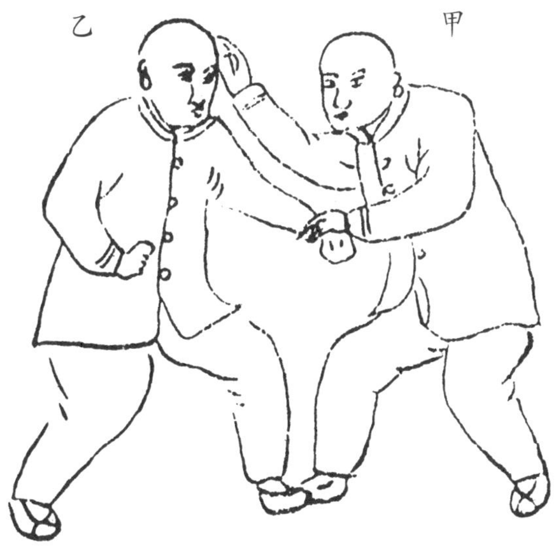

圖78　第十三節二圖

圖79　第十四節一圖

甲即用左手向乙右手裏往外撥出，用臂挾住，再速用右手向乙左邊脖項切去，左腿與手同時進步，落至乙右腿外邊，搏住他。（圖八十）

第十五節

乙即用雙截拳將甲右手截開，兩足不動。（圖八十一）

甲即將右手抽回，隨後用左手劈乙右頰，兩足仍不動。（圖八十二）

圖80　第十四節二圖

圖81 第十五節一圖

圖82 第十五節二圖

甲為十五節二圖，乙為十六節一圖

第十六節

乙仍用雙截手，隨後再用右手偷打甲之左脇。（圖八十二）

甲即向後坐身，兩足不動，左手將乙右臂順往後擄，謂之順手牽羊式。（圖八十三）

第十七節

甲先不起身，即用右足向乙右腿踢去，右手向乙右臂去，如扔繩然。惟右

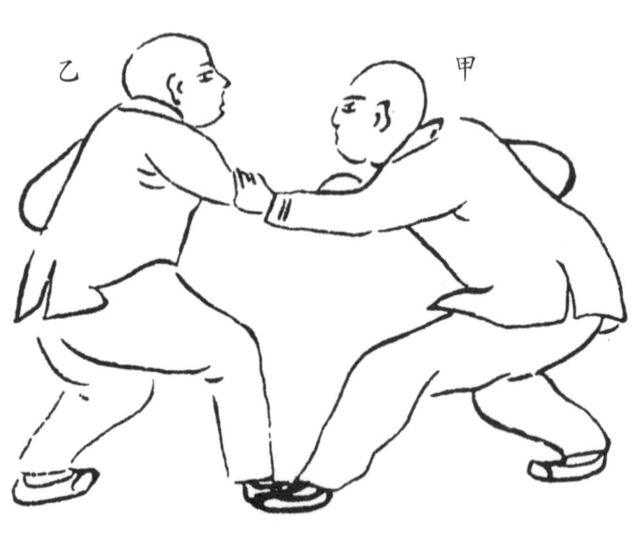

圖83　第十六節二圖

足未及落地即提起左足，與右手同時起落，如狸貓上樹式。（圖八十四）

乙即先提右腿往後退步，右手即屈回再向甲右手外邊鑽去，右手在心口處。（圖八十五）

圖84　第十七節一圖

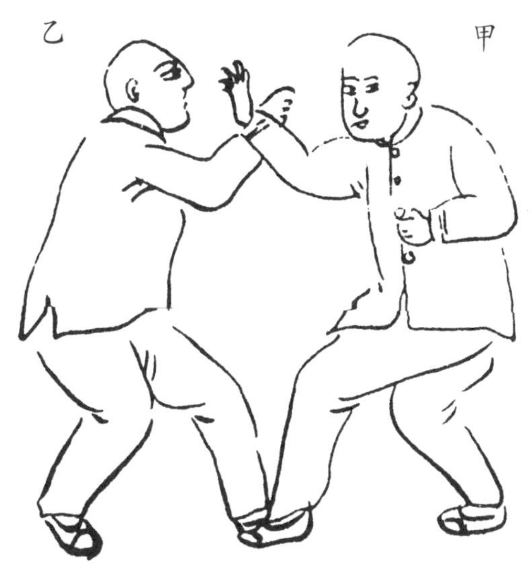

圖85　第十七節二圖

第十八節

甲即用左手挑起乙之右臂，右手抽回再向乙左頰劈去，兩足仍不動。

乙速抽回右手在右脇處，左手向甲右肩抓去，謂之鷂子抓肩式。（圖八十六）

第十九節

甲先用右手向乙左手腕往外摟，左手緊跟乙左手腕上邊往外推，右手隨後向乙左頰劈去，亦是一二三一氣，兩足不動。（圖八十七）

乙即將左臂屈回，再向甲右手裏邊鑽去，隨後往回掛，右手向甲左頰劈去，兩足仍不動。（圖八十七）

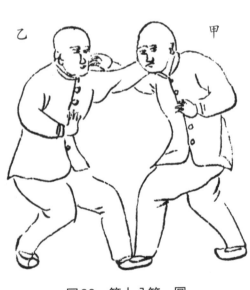

圖86　第十八節一圖

第二十節

甲即用雙斬手截去乙之右手，兩足不動。（圖八十八）

乙將右手抽回，再用左手向甲左頰劈去，兩足仍不動。

圖87　第十九節一圖

乙為二圖

圖88　第二十節一圖

第二十一節

甲再用雙斬手截去乙之左手。（圖八十九）

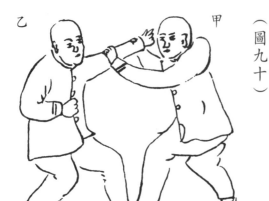

甲復用右手偷打，仍與前雙斬手偷打同。此右手打出如起點打崩拳式。（圖九十）

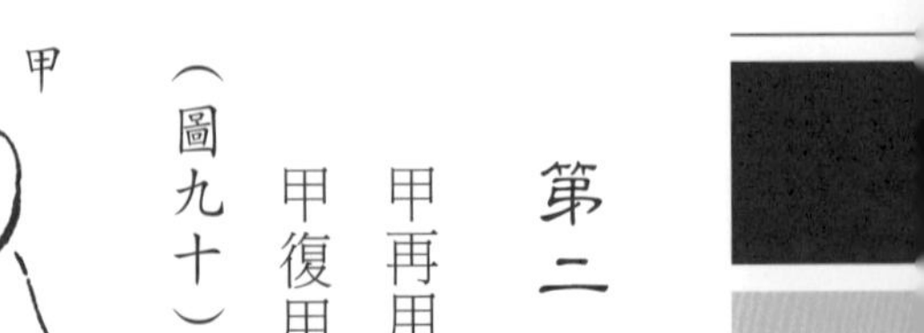

圖89　第二十一節一圖

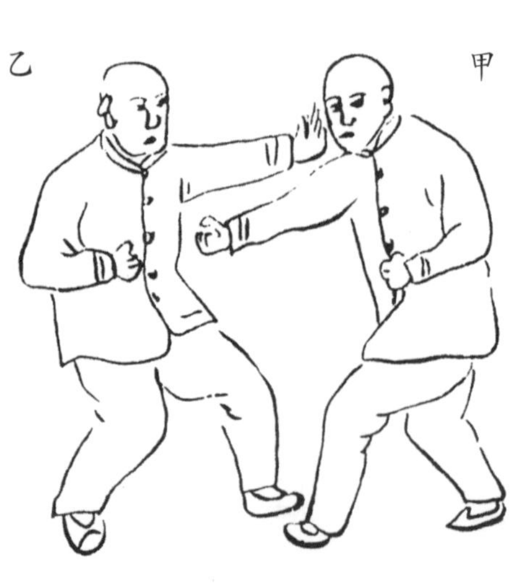

圖90　第二十一節二圖

第二十二節

乙再退右足提左足，用左手將甲右手向外推，右手即速用崩拳向甲之腹打去。此與甲起點還打之頭一手同。再往回打，仍是乙為甲已來之式、甲為乙已來之式，循環往來不窮。

若欲休息，仍還起點處停住，自便休息。（圖九十一）

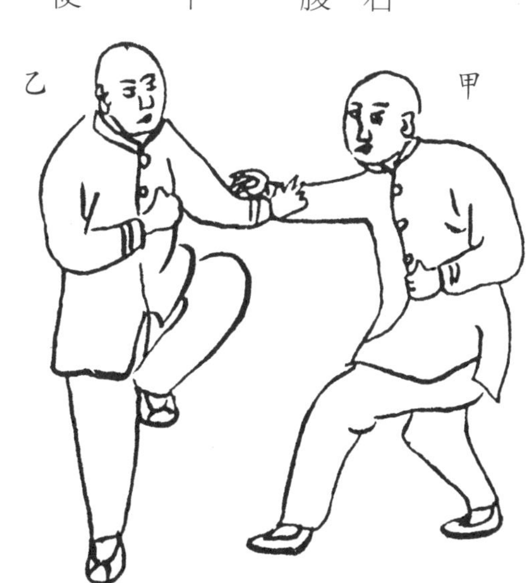

圖91　第二十二節一圖

曹繼武先生意拳十法摘要

○一曰三節、何為三節、舉一身而言之、手臂為稍節、腰胯為中節、足腿為根節、是也、分而言之、三節中又各有三節、如稍節之稍節、則手為稍節、肘為中節、肩為根節、中節之三節、則胸為稍節、心為中節、丹田為根節、根節之三節、則足為稍節、膝為中節、胯為根節、皆不外起隨追三字而已、蓋稍節起、中節隨、則根節要追、三節相應、不至有長短曲直之病、亦無參差俯仰之虞、所以三節貴乎明也、

○二曰四稍、何為四稍、蓋渾身毛孔為血稍、手指足指為筋稍、牙為骨稍、舌為肉稍、與人相搏時、舌頂上腭、則肉稍齊、手腕足腕撐動、則筋稍齊、牙齒相合、則骨稍齊、後項撐動、則血稍齊、四稍俱齊、則內勁發矣、所以四稍、尤其要訣耳、

○三曰五行、五行者、金木水火土也、內對人五藏、外對人五官、均屬五行、如五藏則心屬火、心急湧力生、脾屬土、脾動大力攻、肝屬木、肝急火焰熏、肺屬金、肺動成雷聲、腎屬水、腎動快如風、此五行之存於內也、目通於肝、鼻通於肺、耳通於腎、口舌通於心、人中通於脾、此五行之著於外也、故曰五行真如五道關、無人把守自遮攔、天地交合雲蔽日月、武藝相爭、蔽住五行、真雄論也、又手心通心屬火、鼻尖通肺屬金、火到金回、最宜注意、餘可類推矣、

○四曰身法、身法有八要、起落進退、反側收縱是也、起落者、起為橫、落為順、進退者、進走低、退走高、反側者、反身顧後、側身顧左右也、收縱者、收如猫伏、縱如虎放也、大抵以中平為宜、以正直為要、與三節法相貫、不可不知、

○五曰步法、步法有寸步、佃步、快步、剪步、是也、如三尺遠、寸一步可到、即用寸步、如四五尺遠、即用佃步、快步者、起前足、帶後足、平走如飛、並非蹦躍而往也、猶如馬奔虎踐之意也、非意成者、不能用也、緊記遠處不發足、倘遇人多或有器械者、則運腿帶足、並剪而上、即所謂踩足二起鴛鴦腳是也、善學者隨便用之、總不可執、習之純熟、用於無心、方盡其妙、

○六曰手足法、手法者、單手、雙手、起手、拎手、是也、起前手、如鷂子入林、須束翅束身而起、推後手、如燕子抄水、往上翻、藏身而落、此單手法也、如双手、則兩手交互、並起並落、起如舉鼎、落如分研也、至於筋稍發、有起有落者、謂之起手、筋稍不發、起而未落者、謂之拎手、總之直而非直、曲而非曲、肘護心肋、手撩陰、起而其起如虎之撲人、其落如鷹之抓物也、○足法者、起蹬落翻、忌踢宜踩、蓋足起膝起、望懷膝打、膝分而出、其形上翻、如手起撩陰是也、至於落、即如以石攢物也、亦如手之落相同也、忌踢者、一踢渾身都是空也、宜踩者、即如手之落鷹抓物也、手法足法、本自相同、而足之為用、尤必知其如虎之行無聲、龍之行莫測也

○七曰上法進法、上法以手為妙、進法以步為先、而總以身法為要、起手如丹鳳朝陽是也、進步如搶上搶步、進步踩打是也、必須三節明、四稍齊、五行蔽、身法活、手足相連、內外一氣、然後復

其遠近、隨其老嫩、一動而即至也、然其方法有六、六方者、工、順、湧、急、恨、真也、工者巧妙也、順者、順其自然也、湧者、果斷也、疾者、緊急快也、恨者、不容情也、心一動而內勁出也、真者發心中得見之真、而彼雖變化也、六方明、則上法進法得矣、

〇八曰顧法、開法、截法、追法、顧法者、单顧、双顧、顧上下、顧左右前後也、如单手顧、則用截捶、双手顧、則用横拳、顧上則用冲天炮、顧下則用掃地炮、顧前後、則用前後掃捶、顧左右、則用填邊炮、拳一觸即動、非若他們之拘連掤架也、〇開法者、有左開右開、剛開柔開也、左開如裹填、右開如外填、剛開如前六藝之硬勁、柔開如後六藝之柔勁也。〇截法者、有截手、截身、截言、截面、截心、也、截手者、彼手已動而未到、則截之、截身者、彼微動、而我先截也、截言者、彼言漏其意、則截之、截面者、彼面漏其色而截之、截心者、彼目笑眉喜、言甘意恭、我須防其有心、而迎機以截之也、則截法豈可忽乎哉。〇追法者、與上法進法貫注一氣、則隨身緊趨、追風赶月不放鬆也、彼雖欲走而不能、何慮其邪術哉、

〇九曰三性調養法、何為三性、蓋眼為見性、耳為灵性、心為湧性、此三性為藝中之妙用也、故眼中不時常觀察、耳中不時常報應、心中不時常驚醒、則精灵之意在我、所謂先事預防、不至為人所算、而無失機之悮也、

〇十曰內勁夫內勁者、寄於無形之中、而接於有形之表、可以意會、難已言傳者也、然其理則可參焉、蓋志者、氣之帥也、氣者、体之充也、心動而氣則隨之、氣動而力則赶之、此必然之理也、有謂為創勁者、非也、有謂為攻勁崩勁者亦非也、殆實粘勁也、窃思創勁太直、而難起落、攻勁太死、而難變化、崩勁太拙、而難展招、皆強硬漏形而不灵也、粘勁者先後天之氣、日久練為一貫也、出沒甚捷、可使日月無光而不見形、手到勁發、可使陰陽交合而不費力、總之如虎之登山、如龍之行空、方為得體、以上十法、練為一貫、而武藝不已成乎、吾會其理、摘其要而釋之、以為後學者訓、

結論

聞子不語力、固尚德不尚力之意也、然夾谷之會、必用司馬、且曰吾門有由、惡言不入於耳、是武力誠不可少也、於是顧其身家、保其性命、有拳尚焉、拳之種類不同、他門亦不悉創自何人、惟此六合意拳則出自宋朝、　岳武穆王、嗣後金元明代、鮮有其技、至明末、有山西姬隆風先生、遍訪名師、至終南山、曾遇異人、以岳王拳譜傳授、先生自得斯譜、如獲至寶、朝夕摩練、盡悟其妙、而先生濟世心切、尤慮人民處於亂世、出則持器械以自衛、尚可、若夫太平之日、刀兵伏藏、倘遇不測、將何以禦之、是除學練技擊外無他法也、於是盡傳其術、於六合意拳、變為十二勢、十二勢仍歸於一勢、又曰三回九轉、是一勢、且又有剛柔之分也、剛者在先、固微其異、柔者在後、尤寄其妙、亦由顯入微、由粗入精之意也、觀世之練藝者、多惑於異端之說、而以善走為奇、亦知此拳有追法乎、以能閃為妙、亦知此拳有截法乎、以左右封閉為得力、亦知此拳有動不見形、一動即至、而不及封閉乎、其能走能閃能閑能封、亦必自有

所見、而能然也、其於晝間遇敵、尚可微倖取勝、若黑夜之間、偶逢賊盜猝遇仇敵、不能見其所以來、將何以閉而避之、不能見其所以動、將何以封而閉之乎、豈不反悞自身也、惟我六合意拳、練上法顧法、開法於一貫、而其機自靈、其動自捷、雖黑夜之間、風吹草動、有觸必應、並不自知其何以然也、獨精於斯者自領之耳、然得姬老師之真傳者、只有鄭師一人、鄭師於拳鎗刀棍無所不精、會通其理、因述為論、乃知一切武藝皆出於拳內也、但世之學六合意拳者、亦各不同、豈其藝之不同、究未得授真傳、故差之毫釐、繆之千里、而況愈傳愈訛、且不僅毫厘耳、余幸得學於鄭師之門、以接姬老師之傳者也、故法頗精、而余得之尤詳、就其論而釋之、著為十法摘要、非敢妄行諸世、余意在保姬師之傳、亦聊以誨與後進之人云爾、曹繼武識、

岳氏意拳十二形法精義終

岳氏意拳五行十二形法精義
上下兩冊定價銀洋壹圓

原述者　直隸深縣　李存義
編輯者　山西太谷　董秀升
校對者　山西清源　李立訓
印刷者　山西太原　範華製版印刷廠 電話二四號
總發行　山西太谷　董秀升 現寓太原省城純陽宮十四號
經售處　山西太原　範華製版印刷廠 晉新書社

下編

曹繼武先生意拳十法摘要①

一曰三節

何為三節？舉一身而言之，手臂為稍節，腰胯為中節，足腿為根節是也。分而言之，三節中又各有三節。如稍節之稍②節，則手為稍節，肘為中節，肩為根節；中節之三節，則胸為稍節，心為中節，丹田為根節；根節之三節，則足為稍節，膝為中節，胯為根節，皆不外起、隨、追三字而已。蓋稍節起，中節隨，則根節要追。三節相應，不至有長短曲直之病，亦無參差俯仰③之虞，所以三節貴乎明也。

二曰四稍

何為四稍？蓋渾身毛孔為血稍，手指足指為筋稍，牙為骨稍，舌為肉稍。與人相搏時，舌頂上齶，則肉稍齊；手腕足腕撐動，則筋稍齊；牙齒相合，則骨稍齊；後項撐動，則血稍齊。四稍俱齊，則內勁發矣，所以四稍，尤其要訣耳。

三曰五行

五行者，金木水火土也。內對人五藏④，外對人五官，均屬五行。如五藏則心屬火，心急湧力生；脾屬土，脾動大力攻；肝屬木，肝急火焰蒸；肺屬金，脾⑤動成雷聲；腎屬水，腎動快如風。此五行之存於內也。目通於肝，鼻通於肺，耳通於腎，口舌通於心，人中通於脾，此五行之著於外也。故曰：五行真如五道關，無人把守自遮攔。天地交合，雲蔽日月，武藝相爭，蔽住五行，真確論也。又手心通心，屬火；鼻尖通肺，屬金。火到金回，最宜注意，

餘可類推矣。

四曰身法

身法有八要，起、落、進、退、反、側、收、縱是也。起落者，起為橫，落為順。進退者，進走低，退走高。反側者，反身顧後，側身顧左右也。收縱者，收如貓伏，縱如虎放也。大抵以中平為宜，以正直為要，與三節法相貫，不可不知。

五曰步法

步法有寸步、佃⑥步、快步、剪步是也。如三尺遠，寸一步可到，即用寸步。如四五尺遠，即用佃步。快步者，起前足，帶後足，平走如飛，並非踴躍而往也，猶如馬奔虎踐之意也，非意成者，不能用也，緊記遠處不發足。倘遇人多或有器械者，則連腿帶足，並剪而上，即所謂踩足二起，鴛鴦腳是也。善學者，隨便用之，總不可執，習之純熟，用於無心，方盡其妙。

六曰手足法

手法者，單手、雙手、起手、拎手是也。起前手，如鷂子入林，須束翅束身而起；推後手，如燕子抄水，往上翻，藏身而落，此單手法也。如雙手，則兩手交互，並起並落，起如舉鼎，落如分研⑦也。至於筋稍發，有起有落者，謂之起手；筋稍不發，起而未落者，謂之拎手。總之直而非直，曲而非曲，肘護心肋，手撩陰起，而其起如虎之撲人，其落如鷹之抓物也。

足法者，起躦⑧落翻，忌踴宜踩。蓋足起，膝起望懷，膝打膝分而出，其形上翻，如手起撩陰是也；至於落，即如以石攢物也，亦如手之落相同也。忌踴者，一踴渾身都是空也；宜踩者，即如手之落鷹抓物也。

手法足法，本自相同，而足之為用，尤必知其如虎之行無聲，龍之行莫測也。

七曰上法、進法

上法以手為妙，進法以步為先，而總以身法為要。起手如丹鳳朝陽是也，進步如搶上搶步、進步踩打是也。必須三節明，四稍齊，五行蔽，身法活，手足相連，內外一氣，然後度其遠近，隨其老嫩，一動而即至也。然其方法有六。六方者：工、順、勇、急、恨⑨、真也。工者，巧妙也；順者，順其自然也；勇者，果斷也；疾者，緊急快也；恨者，不容情也，心一動而內勁出也；真者，發心中得見之真，而彼難變化也。六方明，則上法、進法得矣。

八曰顧法、開法、截法、追法

顧法者，單顧、雙顧、顧上下、顧左右前後也。如單手顧則用截捶，雙手顧則用橫拳，顧上則用沖天炮，顧下則用掃地炮。顧前後則用前後掃捶，顧左右則用填透炮。拳一觸即動，非若他們之扚、連、掤、架也。

開法者，有左開、右開、剛開、柔開也。左開如裏填，右開如外填，剛開如前六藝之硬勁，柔開如後六藝之柔勁也。

截法者，有截手、截身、截言、截面、截心也。截手者，彼手已動而未到則截之；截身者，彼微動而我先截也；截言者，彼言露其意則截之；截面者，彼面漏⑩其色而截之；截心者，彼目笑眉喜，言其意恭，我須防其有心而迎機以截之也，則截法豈可忽乎哉？

追法者，與上法、進法貫注一氣，則隨身緊超，追風趕月不放鬆也，彼雖欲走而不能，何慮其邪術哉？

九曰三性調養法

何為三性？蓋眼為見性，耳為靈性，心為勇性。此三性為藝中之妙用也。故眼中不時常觀察，耳中不時常報應，心中不時常驚醒，則精靈之意在我，所謂先事預防，不至為人所算，而無失機之悞⑪也。

十曰內勁

夫內勁者，寄於無形之中而接於有形之表，可以意會難已⑫言傳者也，然其理則可參焉。蓋志者，氣之帥也；氣者，體之充也。心動而氣則隨之，氣動而力則趕之，此必然之理也。有謂為創勁者，非也；有謂為攻勁、崩勁者，亦非也，殆實粘勁也。竊思創勁太直，而難起落，攻勁太死而難變化，崩勁太拙而難展招，皆強硬漏形而不靈也。粘勁者，先後天之氣，日久練為一貫也，出沒甚捷，可使日月無光而不見形，手到勁發，可使陰陽交合而不費力。總之，如虎之登山，如龍之行空，方為得體。

以上十法，練為一貫，而武藝不已成乎！吾會其⑬理，摘其要而釋之，以為後學者訓。

【注釋】

①原文無「下編」二字，據目錄補。

②稍：原文誤作「稍」，據文義當為「三」。

③參差俯仰：指因三節不明，身體各部位欠協調，未能得心應手。參，音ㄘㄣ，差，音ㄘ。

④五藏：即五臟。

⑤脾：原文誤作「脾」，據文義當為「肺」。

⑥佃：原文誤作「佃」，當為「墊」。後同。

⑦研：原文誤作「研」，據別本當為「磚」。

⑧躦：原文為「躦」。「躦」「鑽」通用，在現代漢語中都用「鑽」字。

⑨恨：原文誤作「恨」，據別本當為「狠」。後同。

⑩漏：原文誤作「漏」，據文義當為「露」。

⑪悞：音ㄨˋ，同「誤」。

⑫已：原文誤作「已」，據別本當為「以」。

⑬會：彙集。

結論

聞子不語力，固尚德不尚力之意也①。然夾谷之會②，必用司馬③，且曰吾門有由，惡言不入於耳④，是武力誠不可少也。於是顧其身家，保其性命，有拳尚焉。拳之種類不同，他門亦不悉創自何人，惟此六合意拳則出自宋朝岳武穆王。嗣後金元明代，鮮有其技。至明末有山西姬隆風先生，遍訪名師，至終南山，曾遇異人，以岳王拳譜傳授。先生自得斯譜，如獲至寶，朝夕摩練，盡悞⑤其妙。而先生濟世心切，尤慮人民處於亂世，出則持器械以自術尚可，若夫太平之日，刀兵伏鞘，倘遇不測，將何以禦之？是除學練技擊外無他法也，於是盡傳其術。於六合意拳，變為十二勢，十二勢仍歸於一勢，又曰三回九轉是一勢，且又有剛柔之分也。剛者在先，固徵其異⑥；柔者在後，尤寄其

妙⑦，亦由顯入微，由粗入精之意也。觀世之練藝者，多惑於異端之說，而以善走為奇，亦知此拳有追法乎？以能閃為妙，亦知此拳有截法乎？以左右封閉為得力，亦知此拳有動不見形，一動即至，而不及封閉乎？其能走、能閃、能閉、能封，亦必自有所見而能然⑧也。其於晝間遇敵，尚可僥倖取勝，若黑夜之間，偶逢賊盜，猝遇仇敵，不能見其所以來，將何以閃而避之？不能見其所以動，將何以封而閃之乎？豈不反悞自身也？惟我六合意拳，練上法、顧法、開法於一貫，而其機自靈，其動自捷，雖黑夜之間，風吹草動，有觸必應，並不自知其何以然也，獨精於斯者自領之耳。

然得姬老師之真傳者，只有鄭師⑨一人。鄭師於拳槍刀棍無所不精，會通其理，因述為論，乃知一切武藝皆出於拳內也。但世之學六合意拳者，亦各不同，豈其藝之不同，究未得授真傳，故差之毫釐，謬之千里，而況愈傳愈訛，且不僅毫釐耳。余幸得學於鄭師之門，以接姬老師之傳者也。故法頗精，而余得之尤詳，就其論而釋之，著為十法摘要。非敢妄行諸世，余意在保姬師之傳，亦聊以誨與後進之人云爾。曹繼武識。

【注釋】

①聞子不語力，固尚德不尚力之意也：語出《論語・述而》：「子不語怪力亂神。」子：孔子。力：勇力。本句大意：聽說孔子不談論勇力，必然就是崇尚道德而不崇尚武力的意思。

②夾谷之會：春秋時期，齊魯兩國在夾谷（今山東萊蕪南）舉行的一次會盟，約定講和。孔子以大司寇身份陪同魯定公前往。行前提出「有文事者必有武備，有武備者必有文備」的防範策略。盟會上，孔子以「仁者之勇」震懾了齊國，使齊國未敢輕辱魯國，歸還了侵地。

③司馬：古代官名，武將。

④吾門有由，惡言不入於耳：語出《史記・仲尼弟子列傳》：「孔子聞衛亂，曰：『嗟乎，由死矣！』已而果死。故孔子曰：『自吾得由，惡言不聞於耳。』」由，仲由，字子路，孔門七十二賢之一。以政事見稱，為人伉直，好勇

力，跟隨孔子周遊列國。本句大意：自從我有了仲由，惡言惡語就再也聽不到了。

⑤悞：原文誤作「悞」，據別本當為「悟」。

⑥剛者在先，固徵其異：固，當然，自然；徵，看到、觀察到。本句大意：剛硬的拳術動作在前，當然你要看到、觀察到其不同之處。

⑦柔者在後，尤寄其妙：柔性的動作在後，其包含著拳術的精妙之處。

⑧自有所見而能然：能然，能夠做成這個樣子。本句大意：眼能看見、心能體會到，你自然而然就能做出招式。

⑨鄭師：關於鄭師，史料記載不詳。馬琳璋《心意拳眞諦》載，鄭師乃姬隆風在終南山所遇道人，曾習拳於姬隆風。有學者認為，形意拳初期的傳承，在姬隆風與曹繼武之間，還應有鄭師一代傳人。此說待考證。

岳氏意拳十二形法精義終

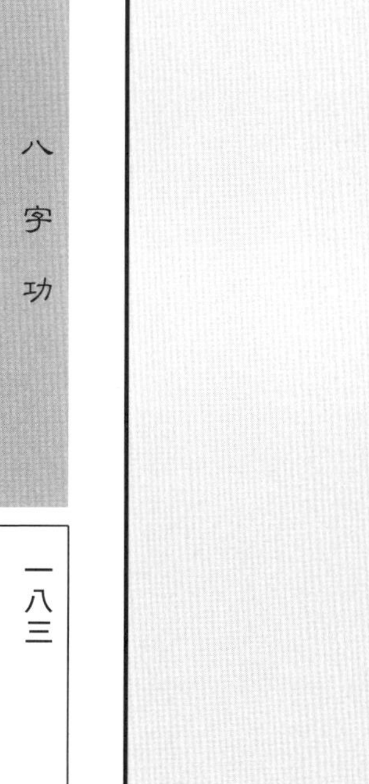

八字功

第四編　功拳

形意拳皆以五行十二形為體其餘為用功拳者形意致用之學也學問之道必體用兼備方為上乘惟拳術亦然學者慎勿視此編為河漢也

第一章　八字功

八字功之名稱亦猶五拳之劈鑽崩砲橫八手之纏丁抵搗磨立滾鑽因其形式精神而定為符號也曰展曰截曰裹曰跨曰挑曰頂曰雲曰領其各字意義於各節中詳之

八字功有總合練習法有分别練習法分别法每字為一段名曰某字功一左一右互换為之至無可進而回身回身後仍然一左一右至開勢處而止勢數之多寡不拘總合法有單勢總合法名曰八字單合功有雙勢總合法名曰八字雙合功均附於後

八字功出勢用雞形起勢回身轉身均用虎托收勢用退步橫拳回身云者至彼端而回身也轉身云者至開勢處而身轉也兩者相同而地異耳

第一節　展字功

展者寬展之義即拓張手足也左右各三勢後二勢皆連續用者如反之路線如左

1.2.鷄形　3.4.虎托　5.6.展勢　7.8.鑽拳　9.10.崩拳
11.12.展勢　13.14.鑽拳　15.16.崩拳

展勢圖

一、展勢

左骽稍進右拳掩至左肩右骽稍撤提身轉面西左拳起至頭上腕曲拳陽右拳隨右骽落進骽ㄨ腳橫拳扣翻左骽絀眼右視

（如上圖）

鑽拳圖

二、鑽拳

右轉身右腳順進絀右拳陽出齊眉左拳陽置臍左骽稍跟支

（如上圖）

崩拳圖

三、崩拳

右骸進左拳自肘下打出左骸隨進右骸跟右拳陽置肋

（如上圖）

第二節　截字功

截截也以截退敵手也此節最見身法掩肘宜遠後勾要直滾手要速路線如左

1、2、鷂形　3、4、虎托　5、6、截勢　7、8、滾手　9、10、截勢　11、12、滾手

截勢圖

一、截勢

左骸斜進右肘掩小指外扣右骸斜進左手平置身後作勾勢低

（如上圖）

滾手圖

二、滾手

右骸進右手外翻裹扣左骸隨進左掌自右肘下打出左掌落前右掌置腕後

（如上圖）

第三節　裹字功

裹圍裹也裹敵手使失其效用也身旋力柔有以柔剛之妙路線如左

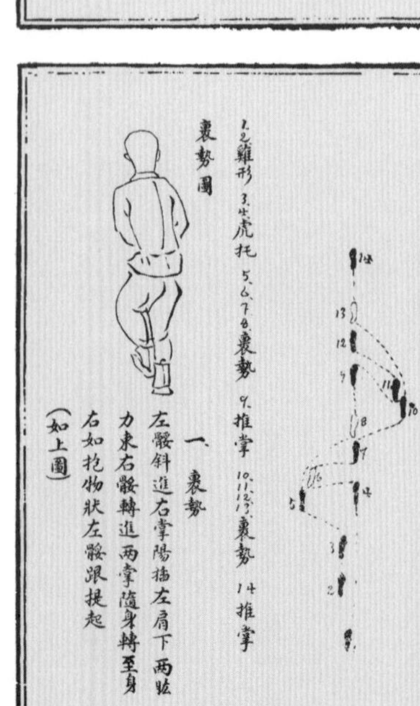

1、2、雞形　3、4、虎托　5、6、7、8、裹勢　9、推掌　10、11、12、13、裹勢　14 推掌

裹勢圖

一、裹勢

左骸斜進右掌陽插左肩下兩肱力束右骸轉進兩掌隨身轉至身右如抱物狀左骸跟提起

（如上圖）

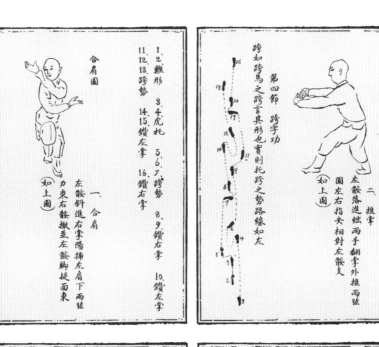

二、推掌

左骸落進絀兩手翻掌外推兩肱圓左右指尖相對左骸支（如上圖）

第四節　跨字功

跨如跨馬之跨言其形也實則托跨之勢路線如左

1、2、雞形　3、4、虎托　5、6、7、跨勢　8、9、鑽右掌　10、鑽左掌
11、12、13、跨勢　14、15、鑽左掌　16、鑽右掌

合肩圖

一、合肩

左骸斜進右掌陽插左肩下兩肱力束右骸撤並左骸腳提面東（如上圖）

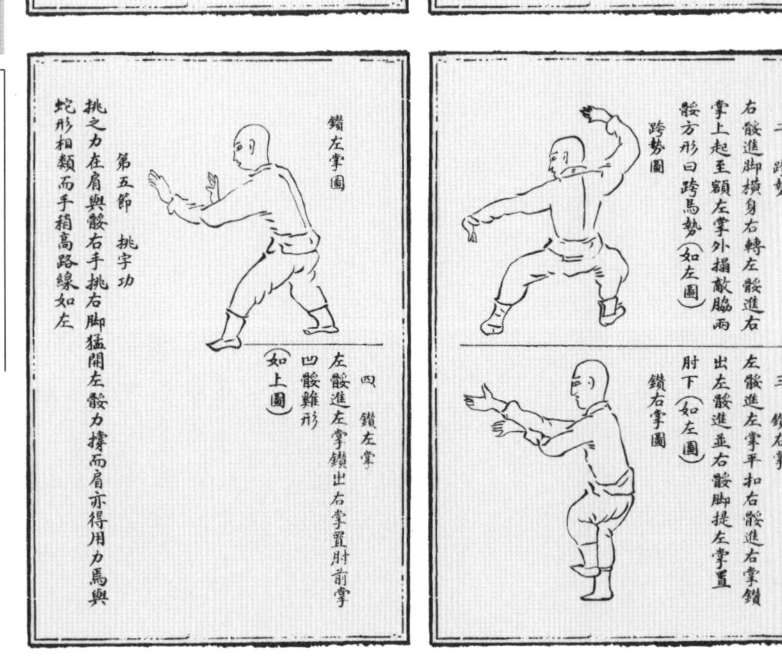

跨勢圖

二、跨勢

右骸進腳橫身右轉左骸進右掌上起至額左掌外摑敵脇兩骸方形曰跨馬勢（如左圖）

鑽右掌圖

三、鑽右掌

左骸進左掌平扣右骸進右掌鑽出左骸進並右骸腳提左掌置肘下（如左圖）

鑽左掌圖

四、鑽左掌

左骸進左掌鑽出右掌置肘前掌四骸雞形（如上圖）

第五節　挑字功

挑之力在肩與骸右手挑右腳猛開左骸力撐兩肩亦得用力馬與蛇形相類而手稍高路線如左

1、2、雞形　3、4、虎托　5、6、合肩　7、挑勢　8、撤掌　9、挑掌
10、鷹捉　11、12、合肩　13、挑勢　14、撤掌　15、挑掌　16、鷹捉

合肩圖

一、合肩

左骽斜進右掌陽插左脇左掌置肩上兩肱力束右骽撤歪左骽脚提蹲身而束

（如上圖）

二、挑勢

兩手兩足猛開右掌齊頭左掌陰置肋右骽坐左骽支

（如左圖）

挑勢圖

三、撤掌

左掌置右腕下右掌與左骽同撤掌撤至膝骽撤半步蹲身

（如左圖）

撤掌圖

四、挑掌

右骽進右掌挑左掌撤陰至膝前（如左圖）

挑掌圖

五、鷹捉

右掌不動右骽稍進左掌自右肩上順進左骽隨進兩掌下扣作捉物狀

（如左圖）

鷹捉圖

第六節　頂字功

頂之力在頸故此勢以挺頸垂肩為要訣搶手崩拳所以換勢者故歪及之路線如左

1、2、雞形　3、4、虎托　5、6、頂勢　7、8、平推　9、搶手　10、崩拳
11、12、頂勢　13、14、平推　15、搶手　16、崩拳

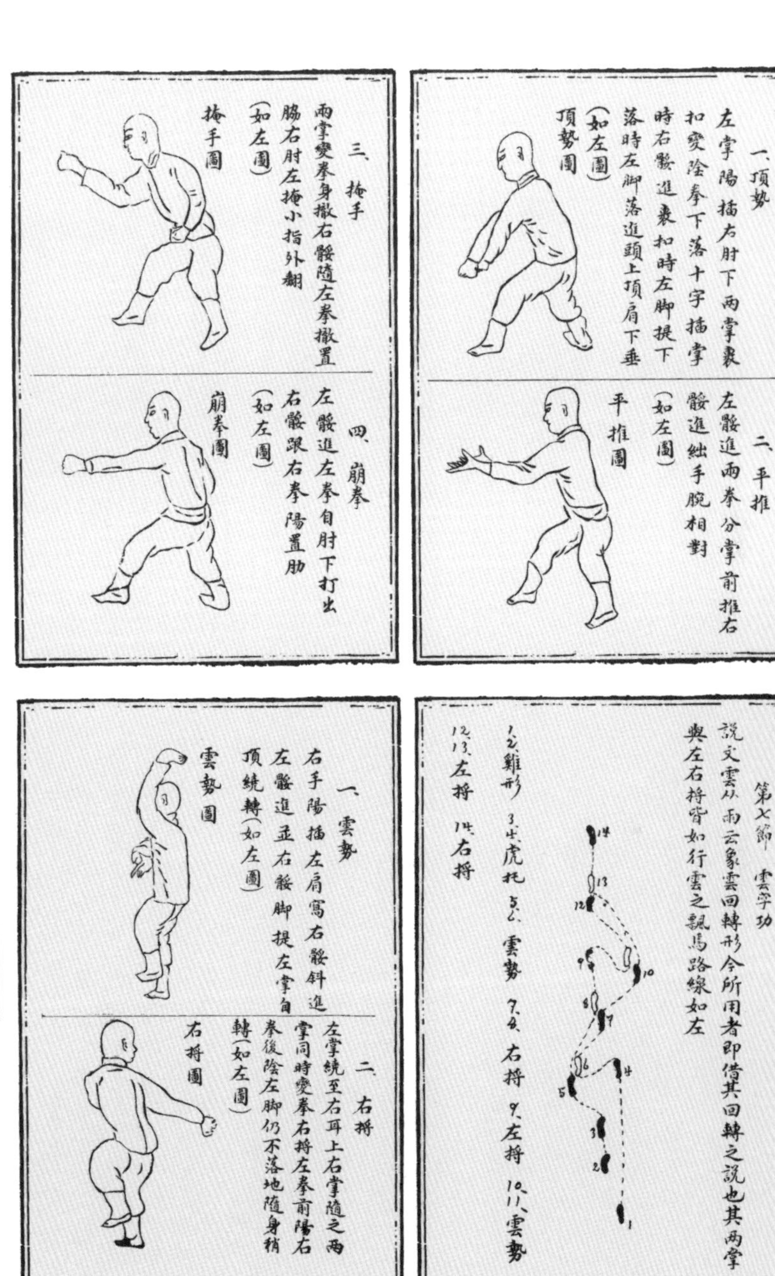

一、頂勢

左掌陽插右肘下兩掌裹扣變陰拳下落十字插掌時右骽進裹扣時左脚提下落時左脚落進頭上頂肩下垂（如左圖）

頂勢圖

二、平推

左骽進兩拳分掌前推右骽進紲手腕相對（如左圖）

平推圖

三、掩手

兩掌變拳身撤右骽隨左拳撤置脇右肘左掩小指外翻（如左圖）

掩手圖

四、崩拳

左骽進左拳自肘下打出右骽跟右拳陽置肋（如左圖）

崩拳圖

第七節　雲字功

說文雲从雨云象雲回轉形今所用者即借其回轉之說也其兩掌與左右捋皆如行雲之飄馬路線如左

1、2、雞形　3、4、虎托　5、6、雲勢　7、8、右捋　9、左捋　10、11、雲勢　12、13、左捋　14、右捋

一、雲勢

右手陽插左肩窩右骽斜進左骽進盂右骽脚提左掌自頂繞轉（如左圖）

雲勢圖

二、右捋

左掌繞至右耳上右掌隨之兩掌同時變拳右捋左拳前陽右拳後陰左脚仍不落地隨身稍轉（如左圖）

右捋圖

左挒圖

三、左挒

兩掌由右繞至身前左腳落進左挒右拳前陽左拳後陰

（如上圖）

第八節 領字功

領受也順勢而領取也首勢已盡其意矣虎托與三掌皆以領身後者路線如左

1、2、雞形 3、4、虎托 5、領勢 6、7、轉身虎托 8、9、轉身三掌退掌

10、領勢 11、12、轉身虎托 13、14、轉身三掌退掌

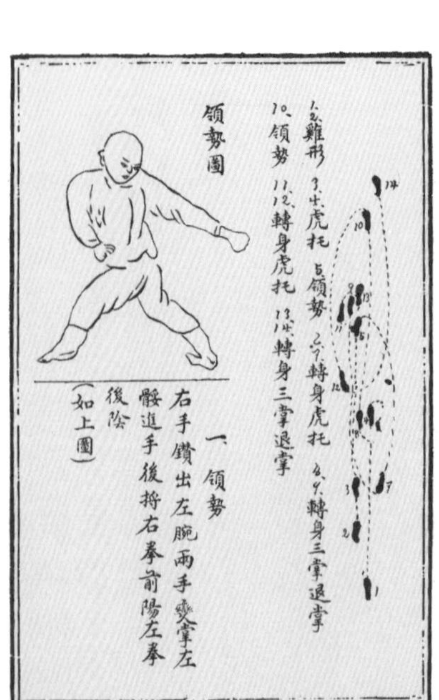

領勢圖

一、領勢

右手鑽出左腕兩手變掌左骹進手後挒右拳前陽左拳後陰

（如上圖）

二、轉身虎托

身右轉右腳順右掌自腰間翻扣左骹進紲左掌自右腕下打出左骹支（如左圖）

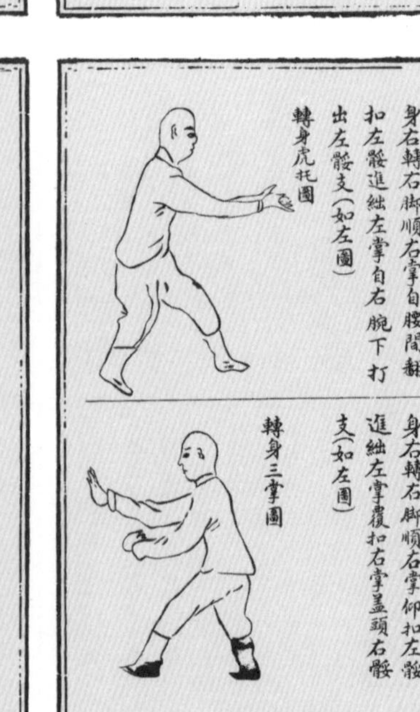

轉身虎托圖

三、轉身三掌

身右轉右腳順右掌仰扣左骹進紲左掌覆扣右掌蓋頭右骹支（如左圖）

轉身三掌圖

退掌圖

四、退掌

兩腳不動左掌打出右掌撤置肋身蹋左骹稍紲

（如上圖）

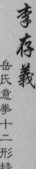

附錄　八字功①

八字功之名稱亦猶五拳之劈、鑽、崩、炮、橫，八手之纏、丁、抵、搗、廣、立、滾、鑽②，因其形式精神而定為符號也，曰展、曰截、曰裹、曰跨、曰挑、曰頂、曰雲、曰領。其各字意義於名節中詳之。

八字功有總合練習法，有分別練習法。分別法，每字為一段，名曰某字功。一左一右互換為之，至無可進而回身，回身後仍然一左一右，至開勢處而止，勢數之多寡不拘。總合法有單勢總合法，名曰「八字單合功」；有雙勢總合法，名曰「八字雙合功」。均附於後③。

八字功出勢用雞形，起勢、回身、轉身均用虎托，收勢用退步橫拳。回身云者，至彼端而回身也；轉身云者，至開勢處而身轉也。兩者相同而地異耳。

【注釋】

①八字功：李存義先生編創。該套路吸納了太極拳輕緩柔和、發勁隱含於內的風格及練法，故又稱「軟八手」。民國初年，中華武士會以石印刊行《八字功拳譜》，署「深州李存義口述，廣宗杜之堂編錄」。民國七年（一九一八年），收入《武術研究社成績錄》。本書以《武術研究社成績錄》節選「八字功」部分為原本影印。

按：參校本《八字功拳譜》於「用法」一節談及：「形意拳皆以五行拳為體，其餘為用。八字功即五行拳用法之一也，必五行拳習熟，然後可學，其中又有涉及十二形拳者，亦宜學於其後也。不然則為躐等。」

②八手之纏、丁、抵、搗、廣、立、滾、鑽：為李存義先生編創、以八個字命名的另外八個單練套路，發勁陽剛，步法靈活，攻防兼備，稱作「硬八手」。目前，李存義先生所傳、李星階先生後人所習之「硬八手」，分別為「纏、頂、靠、掖、廣、立、滾、鑽」八個字（即纏肘、頂掌、靠掌、掖肋、廣

肘、立樁、滾拳、鑽拳）。

③參校本《八字功拳譜》於此處有「譜中所列皆左勢，至於右勢，互易即成」一句。

第一節　展字功

展者，寬展之義，即拓張手足也。左右各三勢，後二勢皆連續用者，故反①之。路線如左（附圖一）。

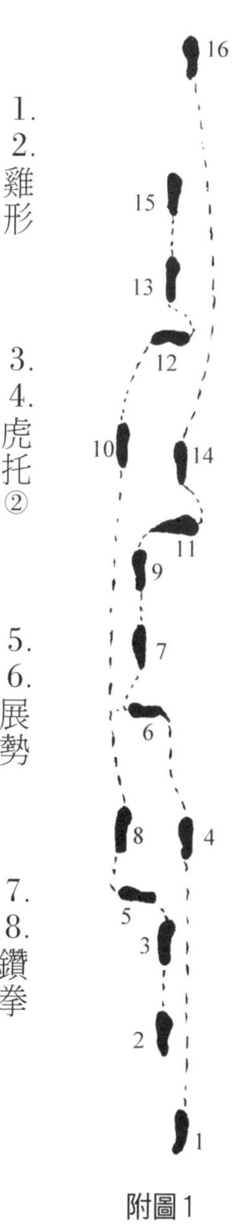

附圖 1
展字功路線

1. 2. 雞形

3. 4. 虎托②

5. 6. 展勢

7. 8. 鑽拳

9. 10. 崩拳　　11. 12. 展勢
13. 14. 鑽拳　　15. 16. 崩拳

一、展　勢③

左腿稍進，右拳掩至左肩，右腿稍撤提，身轉面西，左拳起至頭上，腕曲拳陽，右拳隨右腿落進，腿叉④，腳橫，拳扣翻，左腿絀，眼右視。（如上圖⑤）（附圖二）

二、鑽　拳⑥

右轉身，右腳順進、絀。右拳陽出，齊眉。左拳陽置臍，左腿稍跟、支。（如上圖）（附圖三）

附圖2　展勢圖

附圖3　鑽拳圖

三、崩　拳⑦

右腿進，左拳自肘下打出，左腿隨進，右腿跟，右拳陽置肋。（如上圖）（附圖四）

附圖4　崩拳圖

【注釋】

①反：原文誤作「反」，據《八字功拳譜》當為「及」。

②1.2.雞形3.4.虎托：文中阿拉伯數字指路線圖中標示的落步位置。八字功的每個單套路均以三體勢為起勢，前兩勢為雞形、虎托。

由三體勢前足向前進一小步，同時將前手收回，後手從前手下鑽出，後足疾進一大步。同時收回右手，左手從右手下面鑽出。同時左足提至右足踝關節，此為雞形。

接著左足前進一步，足斜向前。右手向前至左手腕下相搭，兩臂掌向上、向外畫弧，至手指向下後，向前托出。同時進右足，此為虎托。

以下各單套路與此相同，不再贅述。

③展勢：接虎托勢，左腿稍進半步，右掌變拳回收至左肩，右腿稍向裡扣，身體向左轉，左拳外翻起至頭上，腕微曲，拳心向上。同時右拳隨右腿落進，右腿支撐，腳橫放，拳向後翻扣，左腿彎曲，眼看右方。

④又：原文誤作「又」，據文義當為「支」。

⑤如上圖：原書圖在文字上，故寫「如上圖」。後同。

⑥鑽拳：身體右轉，右足直進腿微曲。右拳變陽拳鑽出，與眉等高，左拳變陽拳下落置於臍下。左腿稍跟，起支撐作用。

⑦崩拳：右腿墊步稍進，左拳變立拳從右肘下打出，同時進左腿，右腿跟步，右拳成陽拳置於右肋下。

第二節　截字功

截，裁也，以裁退敵手也。此節最見身法，掩肘宜遠，後勾要直，滾手要速。路線如左（附圖五）。

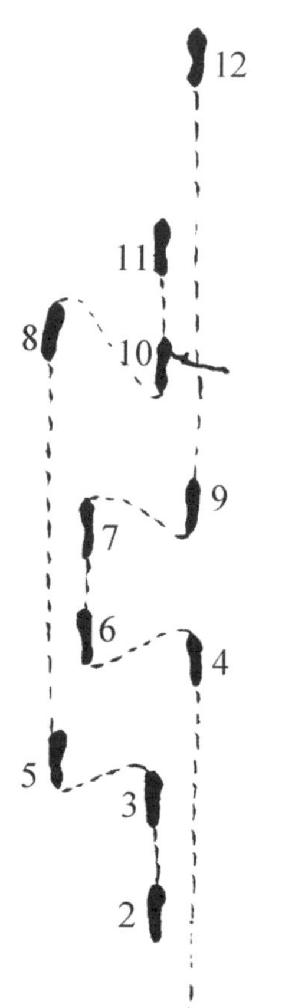

附圖5
截字功路線

1. 2. 雞形　3. 4. 虎托
5. 6. 截勢　7. 8. 滾手
9. 10. 截勢　11. 12. 滾手

一、截　勢①

左腿斜進，右肘掩，小指外扣。右腿斜進，左手平置身後，作勾，勢低。（如上圖）（附圖六）

二、滾　手②

右腿進，右手外翻裏扣，左腿隨進，左掌自右肘下打出，左掌落前，右掌置腕後。（如上圖）（附圖七）

附圖6　截勢圖

附圖7　滾手圖

【注釋】

①截勢：接虎托勢，左腿向左前方進一步。同時右臂向左掩肘，掌心朝上，小指向外翻扣，左手撤回左肋下。接著右腿向右前方進一步。同時左手從肋下掏出臂伸直，手向上勾，姿勢宜低。

②滾手：接前勢，右腿向前墊步，右手翻掌心向下，左腿進一步，同時左手從身後收回變陰掌，從右肘下打出，右掌置於左手腕後。

第三節　裹字功

裹，圍裹也，裹敵手使失其效用也。身旋力柔，有以柔剛之妙①。路線如左（附圖八）。

1. 2. 雞形　3. 4. 虎托　5. 6. 7. 8. 裹勢

9. 推掌　10. 11. 12. 13. 裹勢　14. 推掌

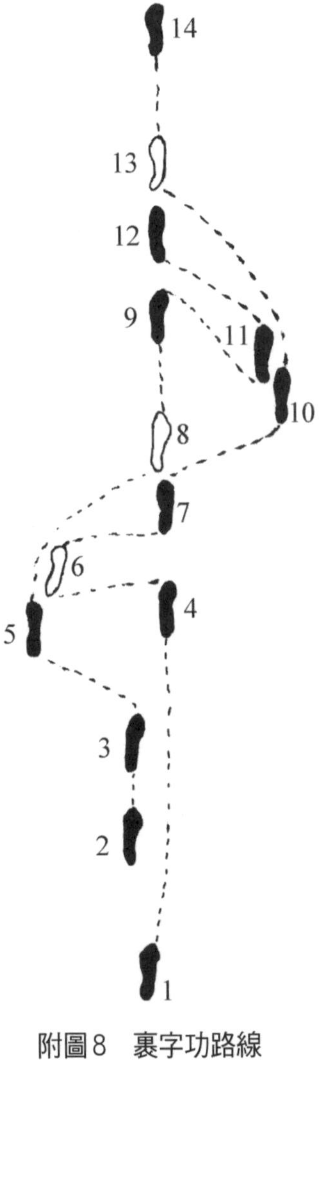

附圖8　裏字功路線

一、裏　勢②

左腿斜進，右掌陽插左肩下，兩肱力束，右腿轉進，兩掌隨身轉至身右，如抱物狀，左腿跟提起。（如上圖）（附圖九）

二、推　掌③

左腿落進、絀，兩手翻掌外推，兩肱圓，左右指尖相對，左腿支。（如上圖）（附圖十）

附圖9　裹勢圖

附圖10　推掌圖

【注釋】

①有以柔剛之妙：原文「有以柔剛之妙」，少一字，據《八字功拳譜》當為「有以柔克剛之妙」。

②裹勢：接虎托勢，左腿向左前方進一步，同時右掌掌心向上插於左肩下，兩臂緊束，接著右腿向右轉進一步，兩掌隨身轉至右方，如抱物狀，左足提至右脛。

③推掌：接前勢，左腿向前進一步，兩手反掌心向外、拇指向下推出，兩臂圓撐，兩手指尖相對，左腿支撐，重心落於右腿。

第四節　跨字功

跨，如跨馬之跨，言其形也，實則托跨之勢。路線如左（附圖十一）。

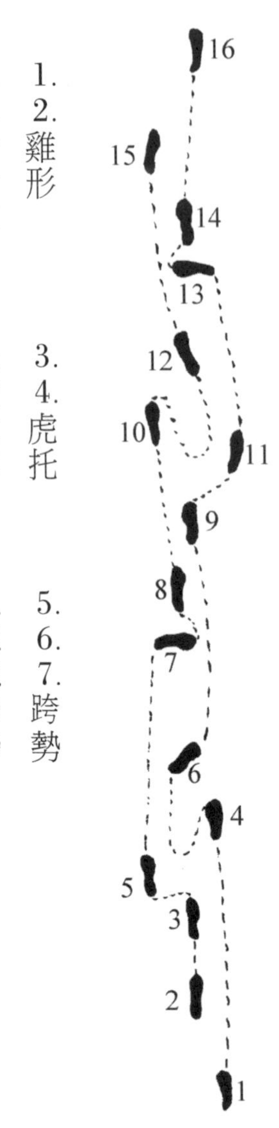

附圖11
跨字功路線

1. 2. 雞形
3. 4. 虎托
5. 6. 7. 跨勢
8. 9. 鑽右掌
10. 鑽左掌
11. 12. 13. 跨勢
14. 15. 鑽左掌
16. 鑽右掌

一、合　肩①

左腿斜進，右掌陽插左肩下，兩肱力束，右腿撤並左腿，腳提，面東。（如上圖）（附圖十二）

二、跨　勢②

右腿進，腳橫，身右轉，左腿進，右掌上起至額，左掌外搨敵脇，兩腿方形，曰跨馬勢。（如左圖）（附圖十三）

三、鑽右掌③

左腿進，左掌平扣，右腿進，右掌鑽出，左腿進並右腿，腳提，左掌置肘下。（如左圖）（附圖十四）

附圖13　跨勢圖

附圖12　合肩圖

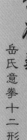

附圖14　鑽右掌圖

附圖15　鑽左掌圖

四、鑽左掌④

左腿進，左掌鑽出，右掌置肘前，掌凹，腿雞形。（如上圖）（附圖十五）

【注釋】

①合肩：接虎托勢，左腿向左前方進一步，同時右掌成陽掌插於左肩下，

兩臂緊束，兩手均成陽掌，右足提至左脛，面朝左方。

②跨勢：右腿向前進一步，腳橫落，身體同時向右轉，右掌上起至頭上方，左掌翻掌心向外、拇指向下打出，兩腿成騎馬蹲襠勢。

③鑽右掌：接前勢，左腿向前墊一步，左掌變掌心向下，右腿進一步，同時右掌鑽出，掌心向上，左足提至右脛，左掌置於右肘下。

④鑽左掌：接前勢，左腿前進一步，左掌變掌心向上鑽出，右掌撤至左肘前，兩掌變回陰掌，重心落於右腿（腿雞形，在此指單重）。

第五節　挑字功

挑之力在肩與腿，右手挑，右腳猛開，左腿力撐，而肩亦得用力焉。與蛇形相類，而①手稍高。路線如左（附圖十六）。

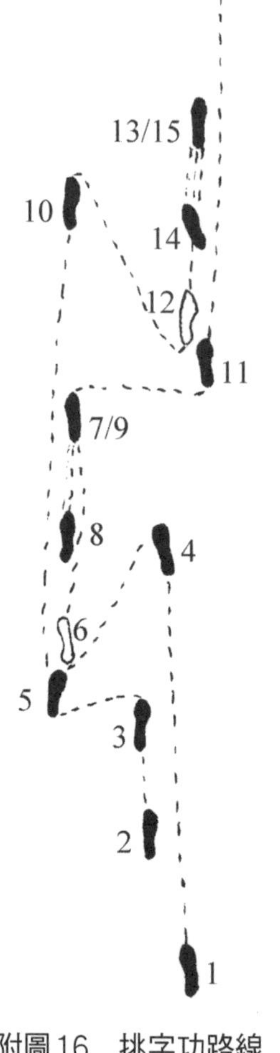

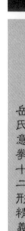

附圖16　挑字功路線

1. 2. 雞形　3. 4. 虎托　5. 6. 合肩　7. 挑勢
8. 撤掌　9. 挑掌　10. 鷹捉　11. 12. 合肩
13. 挑勢　14. 撤掌　15. 挑掌　16. 鷹捉

一、合　肩②

左腿斜進，右掌陽插左脇，左掌置肩上，兩肱力束，右腿撤並左腿，腳提，蹲身，面東。（如上圖）（附圖十七）

附圖17　合肩圖

二、挑　勢③

兩手兩足猛開，右掌齊頭，左掌陰置肋，右腿絀，左腿支。（如左圖）（附圖十八）

三、撤　掌④

左掌置右腕下，右掌與左腿同撤，掌撤至臍，腿撤半步，蹲身。（如左圖）（附圖十九）

附圖18　挑勢圖

附圖19　撤掌圖

四、挑　掌⑤

右腿進，右掌挑，左掌撤，陰至臍前。（如左圖）（附圖二十）

五、鷹　捉⑥

右掌不動，右腿稍進，左掌自右肩上順進，左腿隨進，兩掌下扣，作捉物狀。（如左圖）（附圖二十一）

附圖20　挑掌圖

附圖21　鷹捉圖

【注釋】

①而：原文誤作「而」，據文義當為「兩」。

②合肩：接虎托勢，左腿向前進一步，足尖向左前方。同時右掌成陽掌插入左腋下，左掌伸向右肩上，兩臂緊束。右足提至左脛，身往下蹲，面朝左方。

③挑勢：接前勢，右足向前進一大步。同時右掌向上挑至頭齊，左掌成陰掌置於肋下。重心在右腿，左腿支撐。

④撤掌：接前勢，左掌向前伸至右腕下，同時右掌與左腿向後撤，右掌撤至肚臍下，右腿撤半步，重心移至左腿，身體下蹲。

⑤挑掌：右腿進一步，右掌向上挑起高與頭齊，左掌撤至臍前。重心落於右腿。

⑥鷹捉：右掌不動，右腿向前墊一步，左掌經右肩上向前下方劈扣，同時左腿前進一步，右手落至小腹前。

第六節　頂字功

頂之力在頭，故此勢以挺頸垂肩為要訣，掩手崩拳所以換勢者，故並及之。路線如左（附圖二十二）。

1. 2. 雞形
3. 4. 虎托
5. 6. 頂勢
7. 8. 平推
9. 掩手
10. 崩拳
11. 12. 頂勢
13. 14. 平推
15. 掩手
16. 崩拳

附圖22
頂字功路線

一、頂　勢①

左掌陽插右肘下，兩掌裏扣變陰拳，下落十字②，插掌時右腿進，裏扣時左腳提，下落時左腳落進，頭上頂，肩下垂。（如左圖）（附圖二十三）

二、平　推③

左腿進，兩拳分掌前推，右腿進、紺，手腕相對。（如左圖）（附圖二十四）

附圖 23　頂勢圖

附圖 24　平推圖

三、掩　手④

兩掌變拳，身撤，右腿隨，左拳撤置脇，右肘左掩，小指外翻。（如左圖）（附圖二十五）

四、崩　拳⑤

左腿進，左拳自肘下打出，右腿跟，右拳陽置肋。（如左圖）（附圖二十六）

附圖25　掩手圖

附圖26　崩拳圖

【注釋】

①頂勢：接虎托勢，左掌成陽掌插入右肘下，同時右腿墊一步，兩掌從外向內裹扣，變陰拳，同時左足提起並於右脛，兩拳下落成十字打出，同時左足進一步，頭要上頂，肩要向下垂勁。

②下落十字：原文「下落十字」，少一字，據《八字功拳譜》當為「下落成十字」。

③平推：左腿墊步，兩拳分開變掌，手腕相對向前推，同時右腿進一步，腿彎曲。

④掩手：兩掌變拳，左腿後撤半步，右腿跟隨後撤，重心移至左腿，同時左拳收回置肋下，右肘向左掩，小指向外翻。

⑤崩拳：左腿前進一步，左拳變立拳從右肘下打出，右腿跟進，右拳朝上置於肋下。

第七節　雲字功

說文：雲，從雨雲，象雲回轉形。今所用者，即借其回轉之說也。其兩掌與左右捋，皆如行雲之飄焉①。路線如左（附圖二十七）。

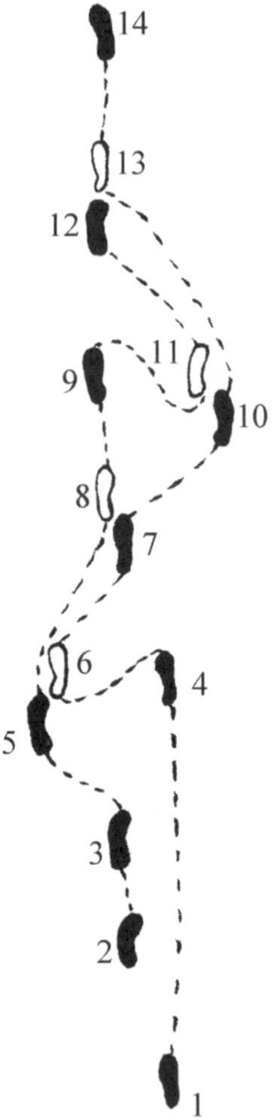

14
13
12
11
10
9
8
7
6
5
4
3
2
1

附圖27　雲字功路線

1. 2. 雞形
3. 4. 虎托
5. 6. 雲勢
7. 8. 右捋
9. 左捋
10. 11. 雲勢

12. 13. 左捋　14. 右捋

一、雲　勢②

右手陽插左肩窩，右腿斜進，左腿進並右腿，腳提，左掌自頂繞轉。（如左圖）（附圖二十八）

二、右　捋③

左掌繞至右耳上，右掌隨之，兩掌同時變拳，右捋，左拳前陽，右拳後陰，左腳仍不落地，隨身稍轉。（如左圖）（附圖二十九）

附圖 28　雲勢圖

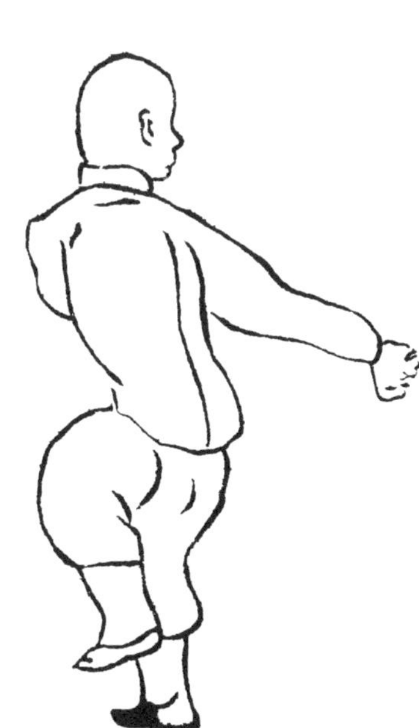

附圖 29　右捋圖

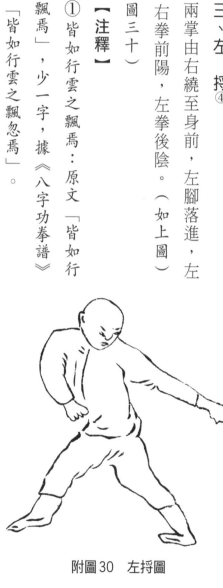

三、左　捋④

兩掌由右繞至身前，左腳落進，左捋，右拳前陽，左拳後陰。（如上圖）

（附圖三十）

附圖30　左捋圖

【注釋】

①皆如行雲之飄焉：原文「皆如行雲之飄焉」，少一字，據《八字功拳譜》當為「皆如行雲之飄忽焉」。

②雲勢：接虎托勢，右手成陽掌插入左腋下，右腿墊步，左腿前進一步併於右腿，左足提至右脛，左掌環繞上升至頭上方，掌心朝上，虎口向前。

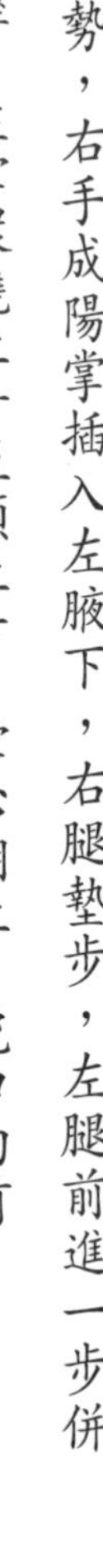

③右捋：左掌經耳下落，兩掌同時變拳，向右後方捋出，左拳成陽拳在前，右拳成陰拳在後。左足仍然提著，身體稍向右轉。

④左捋：兩掌由身右繞經身前，向左後方捋出，右拳成陽拳在前，左拳成

陰拳在後，左捋的同時左足前進一步。

第八節　領字功

領，受也，順勢而領取也。首勢已盡其意矣，虎托與三掌皆以顧身後者。路線如左（附圖三十一）。

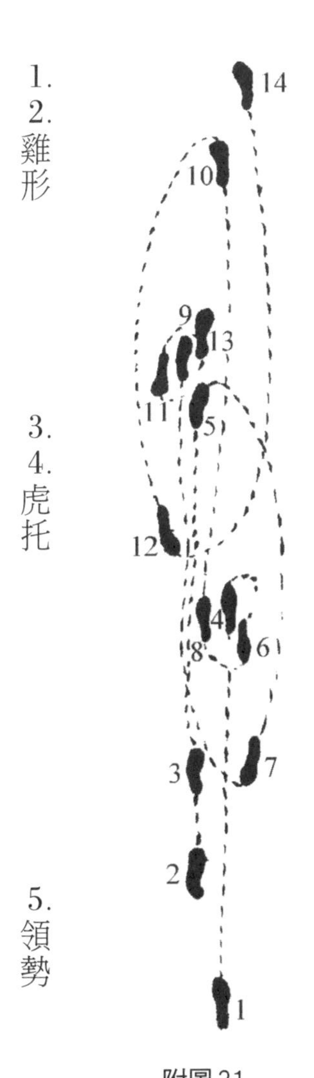

附圖31
領字功路線

1. 2. 雞形　3. 4. 虎托　5. 領勢

6. 7. 轉身虎托　8. 9. 轉身三掌、退掌　10. 領勢

11.12. 轉身虎托

13.14. 轉身三掌、退掌

一、領　勢①

右手鑽出左腕，兩手變掌②，左腿進，手後捋，右拳前陽，左拳後陰。（如上圖）

（附圖三十二）

二、轉身虎托③

身右轉，右腳順，右掌自腰間翻扣，左腿進、絀，左掌自右腕下打出，左腿支。（如左圖）（附圖三十三）

附圖32　領勢圖

附圖33　轉身虎托圖

三、轉身三掌④

身右轉，右腳順，右掌仰扣，左腿進、絀，左掌覆扣，右掌蓋頭，右腿支。（如左圖）（附圖三十四）

四、退　掌⑤

兩腳不動，左掌打出，右掌撤置肋，身蹲，左腿稍絀。（如上圖）（附圖三十五）

【注釋】

①領勢：接虎托勢，右手從左腕下鑽出，兩手同時變

附圖34　轉身三掌圖

附圖35　退掌圖

拳，左腿前進一步，同時兩手向左後方捋出，右拳成陽拳在前，左拳成陰拳在後。

②掌：原文誤作「掌」，據《八字功拳譜》當為「拳」。

③轉身虎托：左足回扣，身體向右轉，右足順直，同時右掌經腰向後翻扣，左腿進一步，同時左掌從右腕下打出，成虎托勢，重心落於右腿。

④轉身三掌：左足回扣，身體向右轉，右足順直，右掌在轉身同時下扣，進左腿同時左掌下扣，右掌劈向對方頭部，左腿彎曲，右腿支撐。

⑤退掌：兩足不動，左掌向前打出，右掌撤至肋下，同時重心後移至右腿，身體微下蹲。

圍棋輕鬆學

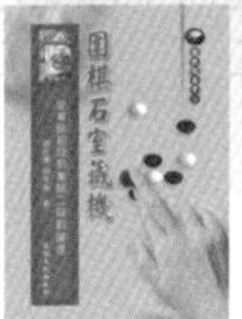
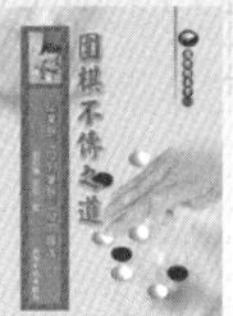
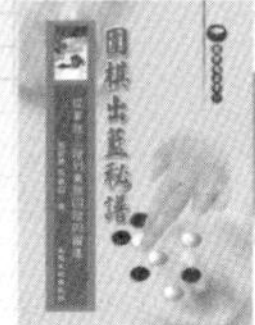
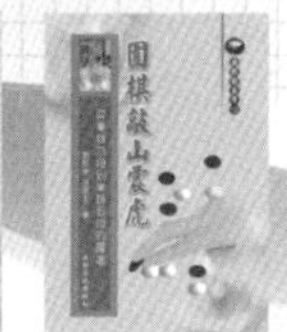
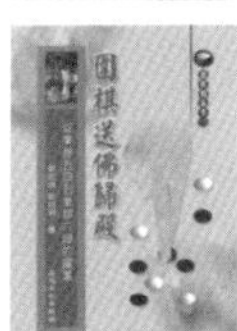

象棋輕鬆學

智力運動

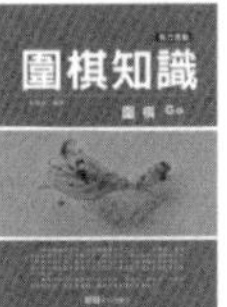

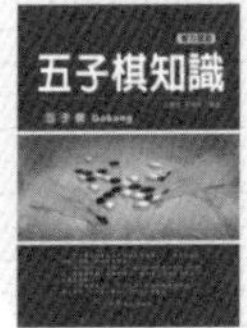

棋藝學堂

休閒保健叢書

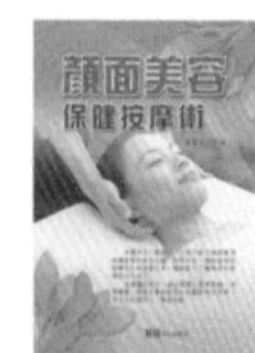

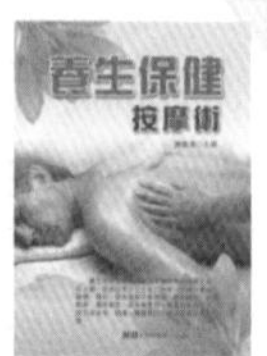

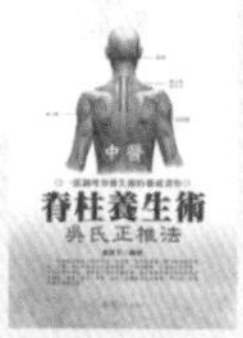

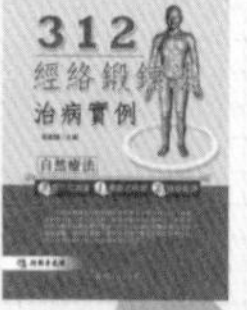

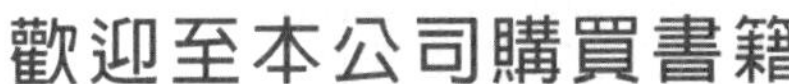

歡迎至本公司購買書籍

公車站
東華街二段
東華街一段
往北投、淡水
1
2
捷運石牌站2號出口
往明德站(台北方向)
西安街二段
西安街一段
公車站
資源回收
榮光公園
水果店
西安街一段293巷
公車站
往榮總、天母
石牌國中
石牌路一段166巷
瑞興銀行
石牌路一段
致遠公園
自強街
致遠一路二段12巷
公車站
大展品冠
公車站
石牌國小
7-11
屈臣氏
致遠二路
致遠一路二段
致遠一路一段
陽信銀行
頂好超商
7-11
郵局
石牌路一段
華南銀行
公車站
公車站
自強街
石牌公車站
石牌派出所
承德路七段
文林北路
往北投、淡水
石牌公車站
承德路六段

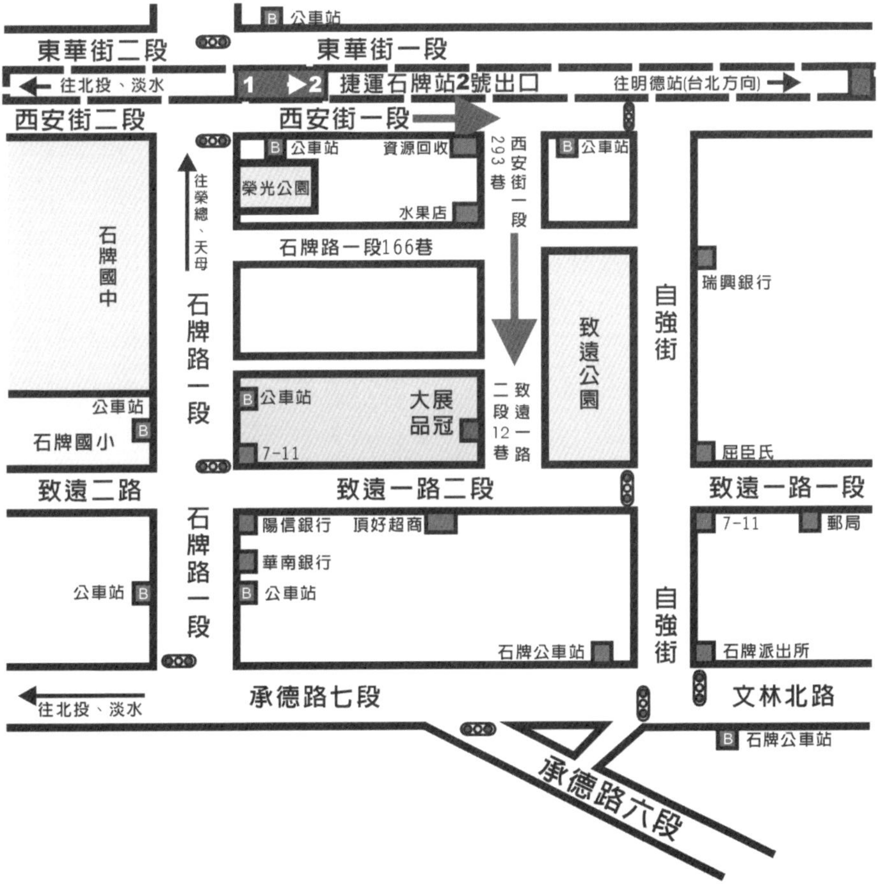

建議路線

1.搭乘捷運・公車

淡水線石牌站下車，由石牌捷運站2號出口出站(出站後靠右邊)，沿著捷運高架往台北方向走(往明德站方向)，其街名為西安街，約走100公尺(勿超過紅綠燈)，由西安街一段293巷進來(巷口有一公車站牌，站名為自強街口)，本公司位於致遠公園對面。搭公車者請於石牌站(石牌派出所)下車，走進自強街，遇致遠路口左轉，右手邊第一條巷子即為本社位置。

2.自行開車或騎車

由承德路接石牌路，看到陽信銀行右轉，此條即為致遠一路二段，在遇到自強街(紅綠燈)前的巷子(致遠公園)左轉，即可看到本公司招牌。

國家圖書館出版品預行編目資料

李存義 岳氏意拳十二形精義／李存義　著　閻伯群　李洪鐘　校注
——初版，——臺北市，大展，2019〔民108.08〕
面；21公分 ——（武學名家典籍校注；15）
ISBN 978－986－346－256－9（平裝）
1.拳術　2.中國
528.972　108009345

李存義　岳氏意拳十二形精義

著　　者／李存義
校 注 者／閻伯群　李洪鐘
責任編輯／苑博洋　劉瑞敏
發 行 人／蔡森明
出 版 者／大展出版社有限公司
社　　址／台北市北投區（石牌）致遠一路2段12巷1號
電　　話／（02）28236031・28236033・28233123
傳　　眞／（02）28272069
郵政劃撥／01669551
網　　址／www.dah-jaan.com.tw
E-mail／service@dah-jaan.com.tw
登 記 證／局版臺業字第2171號
承 印 者／傳興印刷有限公司
裝　　訂／眾友企業公司
排 版 者／弘益電腦排版有限公司
授 權 者／北京科學技術出版社
初版1刷／2019年（民108）8月

定價／300元

大展好書　好書大展

品嘗好書　冠群可期

大展好書　好書大展

品嘗好書　冠群可期